KATRIN BAUERFEIND

HINTEN SIND REZEPTE DRIN

Geschichten, die Männern nie passieren würden

FISCHER

Erschienen bei FISCHER Taschenbuch
Frankfurt am Main, Februar 2016

© 2016 S. Fischer Verlag GmbH, Hedderichstr. 114,
D-60596 Frankfurt am Main
Satz: Dörlemann Satz, Lemförde
Druck und Bindung: CPI books GmbH, Leck
Printed in Germany
ISBN 978-3-596-03396-6

INHALT

01
VORWEG ...

Der Feminismus hat mehr Frauen enttäuscht als die Verfilmung von *50 Shades of Grey*. Auf Partys ist das Wort »Emanzipation« ein ähnlicher Stimmungskiller wie »Islam« oder »Darmkrebsvorsorge«. Darüber will keiner gerne reden. Und bevor Sie, liebe Leser*innen, deswegen das Buch gleich wieder zuklappen, sei schon mal gesagt, es geht hier um die komischen Seiten des Frauseins. Es geht auch um Haare, Handtaschen, Zicken, Gewalt, Religion, Männer und Sex. Aber eben komisch. Denn Anfang des 21. Jahrhunderts ist es immer noch komisch, eine Frau zu sein. Komisch, im Sinne von seltsam, aber auch im Sinne von lustig.

Ich war zum Beispiel nie in der Gefahr, zwangsverheiratet zu werden. Meine Eltern wollten mir nicht mal einen Pulli für den Winter aussuchen, geschweige denn einen Mann. Vermutlich hätten sie bei Männern und Pullis eh dieselben Kriterien angelegt: »Nimm den, der ist schön dick, der hält dich warm.« Die Typen, auf die ich mich bislang eingelassen habe, habe ich mir alle selbst ausgesucht. Mit dem Ergebnis, dass ich immer noch unverheiratet bin und mir Internet-Partnerbörsen ungefragt Schnupperwochen anbieten. Ob das am Ende besser ist? Ja, sicher, aber Sie verstehen, was ich meine, oder?

Frauen verdienen für dieselbe Arbeit weniger Geld als Männer, werden aber von Männern problemlos an jeder Bar eingeladen, wenn sie's nicht allzu blöd anstellen. Das heißt, je nachdem was ein Gin Tonic so kostet, kann man sich als Frau die Lohnungerechtigkeiten wieder raussaufen. Aber Gleichberechtigung zum Preis von Alkoholismus kann ja auch keine Lösung sein.

Frauen dürfen in vielen Ländern politisch nichts entscheiden, haben aber weltweit die Macht über die Fernsehfernbedienung. Deswegen gibt es so unfassbar viele romantische Komödien. Das heißt, einer der wenigen Bereiche, in denen Frauen das Sagen haben, führt dazu, dass jemand wie Til Schweiger ein Star ist. Es bleibt schwierig. Es bleiben Fragen: Kann ich emanzipiert sein und trotzdem ohne Unterwäsche in die Stadt? Bin ich schon eine Feministin, nur weil ich nicht kochen kann? Bin ich keine Feministin mehr, wenn ich flirte? Haben Sie auch das Gefühl, dass sich Feminismus und Katholizismus in puncto Humorlosigkeit sehr ähneln? Wenn Sie solche Fragen mögen, werden Sie in diesem Buch viel Spaß haben. Wenn nicht, sind Sie vermutlich ein Mann. Dann ist es eh wurscht, weil Männer keine Bücher kaufen, geschweige denn lesen. Aber machen Sie in diesem Fall eine Ausnahme. Denn erstens kommen Sie in diesem Buch besser weg, als Sie jetzt vielleicht noch denken, und zweitens – und das verrate ich nur Ihnen – sind hinten gar keine Rezepte drin. Das ist nur ein Marketingtrick, um die Frauen zum Kaufen zu bewegen. In diesem Sinne wünsche ich allen Gendern jetzt viel Spaß beim Lesen.

02

»MUTTER UNSER ...« – MEINE ERSTE FRAUENRELIGION

Gott ist gegen Frauen. Zumindest der katholische. Es gibt zum Beispiel ein »Vater unser ...«, aber kein »Mutter unser ...«, die Frauenquote in den Führungspositionen der katholischen Kirche liegt bei null Prozent, und im Neuen Testament gibt es im Wesentlichen genau zwei Frauenrollen: Mutter oder Nutte. Die prägende Religion des Abendlandes hält von der Gleichberechtigung der Frauen ungefähr so viel wie die Hells Angels. Wenn ich das richtig verstehe, besteht das Paradies im Islam auch darin, dass es da zugeht wie beim *Bachelor* von RTL. Etliche Jungfrauen scharen sich um einen Mann. Emanzipatorisch fragwürdig, aber immerhin kommen junge Frauen vor. Bei den Katholiken steht dagegen ein alter Mann an der Himmelspforte. Bei guter Führung sitzt man den Rest seiner Tage zur Rechten Gottes, und der ist, nach allem, was man so hört, auch eher männlich und betagt. Aus Frauensicht klingt das so gar nicht nach ewiger Happy Hour, sondern nach dem Aufsichtsrat eines DAX-Konzerns, wo jede Menge alte Kerle am liebsten unter sich bleiben. Die evangelische Kirche ist zwar etwas lockerer, wirkt als Alternative unterm Strich aber trotzdem eher so, als würde man beim Stierkampf jetzt auch Kühe zulassen. Also, dachte ich mir, Katrin, warum gründest du nicht einfach deine eigene Religion. Nur für Frauen. Warum sollte etwas, dass für Fitnesscenter und Autohäuser prima funktioniert, nicht auch für Religionen klappen? Ja, ich weiß, es klingt erst mal absurd. Andererseits: Vor 75 Millionen Jahren soll Xenu der Herrscher einer galaktischen Konföderation gewesen sein, die aus 26 Sternen und 76 Planeten bestand. Einer davon war unsere Erde, die sich damals noch Teegeeack nannte. Eng war es, denn es lebten knapp 180 Milliarden Menschen auf dem Planeten. Deutlich zu viel, fand Xenu, der sich überlegte, etwas gegen die Überbevölkerung zu tun. Er entwickelte den Plan, Millionen von Menschen mit Alkohol und Glykol zu lähmen.

So steht's bei L. Ron Hubbard, dem Gründer von Scientology. Eine Religion aus den fünfziger Jahren des letzten Jahrhunderts. Das ist kein Witz. In diesem Stil geht's da noch seitenlang weiter. Und Scientology hat es damit immerhin geschafft, Tom Cruise zu überzeugen. Insofern, dachte ich mir, ist es bei Religion wieder mal so wie überall: Männer legen einfach los und haben mit dem absurdesten Zeug Erfolg. Frauen haben erst mal Zweifel. Also, Schluss damit und her mit der Frauenreligion. Auf geht's!

DAS ERSTE BUCH KATRIN

Die Welt ist weiblich. Guckt euch an, wie schön sie ist! Da hat auf jeden Fall eine Frau ihre Hände im Spiel gehabt. Oder ein Schwuler. Hetero-Männer jedenfalls richten ihre Wohnungen bis heute weiß, karg und ungemütlich ein. Warum sollte das vor einer Ewigkeit anders gewesen sein? Kein Mann käme darauf, einen Schmetterling zu erfinden oder einen Sonnenuntergang. Ein Mann würde einfach das Licht ausmachen.

Gott also war eine Frau. Sie hieß Brigitte. Brigitte Gott. Abgefahrene Mädchennamen wie Babylonia Cheyenne gibt es erst seit kurzem. Gott lebte aber vor etlichen Millionen Jahren und hieß deswegen noch ganz normal. Im Gegensatz zum bisherigen Bild vom männlichen Schöpfer war Brigitte nicht perfekt und fehlerfrei. Sie wollte zum Beispiel eine kuschelige Spinne schöpfen, was ihr aber wieder und wieder misslang. Deswegen haben wir heute Tausende unterschiedlicher Spinnenarten, die alle nicht kuschelig sind. Brigitte wollte schönes Wetter für alle und schuf anfangs England, sie wollte herrliche Landschaften und übte zunächst vergeblich an Brandenburg. Aber sie stand zu ihren Fehlern, deswegen überlebte auch der Mann bis heute. Gut, das ist ein billiger Gag, aber die Sache mit dem Übers-Wasser-Laufen ist ja auch nicht gerade raffiniert.

Irgendwann jedenfalls machte Brigitte den Menschen. Fortan war sie alleinerziehend, und wir wissen bis heute, was für eine schwierige Aufgabe das ist. Man kann seine Augen nicht überall haben, macht vieles falsch und ist ständig überfordert, und Brigitte musste sich ja auch gleichzeitig noch um die ganze Welt kümmern. Es war praktisch der Job von Angela Merkel plus ein paar tausend Kinder. Das bringt dich auch als Gott an den Rand deiner Kapazitäten. Wie so viele Frauen erwartete auch Brigitte keine Dankbarkeit oder Anerkennung für das, was sie geleistet hatte. Erst im hohen Alter hatte sie das Gefühl, etwas zu sagen zu haben, was hinausgeht über »Die Mutti geht jetzt nach Hause!«, »Räumt bitte eure Erde auf, sonst gibt's keinen Nachtisch!« und »Könnt ihr euch nicht einfach vertragen?!«. Sie war schon ein paar Millionen Jahre alt und somit also quasi der typische ZDF-Zuschauer, als sie in der Mediathek zufällig meine Sendung sah. »Diese Bauerfeind gefällt mir«, sagte Brigitte. Ich weiß, das klingt ein bisschen eitel, aber der Gründer der Mormonen war zum Beispiel ein vorbestrafter Trickbetrüger und behauptete, dass Gott zu ihm gesprochen hat, um einer Gefängnisstrafe zu entgehen. Das ist auch kein Witz. Die Evangelisten hatten teilweise nicht mal Abitur, warum sollte Brigitte also nicht ausgerechnet mit mir reden? Eben. Brigitte also sprach: »Katrin, du sollst es später einmal besser haben, deswegen sage ich dir jetzt, wie ich mir alles vorgestellt habe. Schreib das schön auf und verkünde es, denn reden kannst du! Sonst, muss ich feststellen, hab ich schlicht vergessen, dir Talente mitzugeben. Das tut mir leid. Ah, dieses ewige Entschuldigen ist auch sehr weiblich, das wollte ich eigentlich längst gelassen haben ...« So saßen wir zusammen, und sie diktierte mir ihre Gebote.

ERSTES GEBOT Lasst euch nicht vorschreiben, wie ihr auszusehen habt! Ich, Brigitte, hab euch überall Haare drangemacht. War vielleicht ein Fehler. Wie gesagt, ich bin nicht perfekt. Wem's nicht gefällt, der kann sie gerne abrasieren. Die anderen lassen sie dran. Es ist doch scheißegal. Kümmert euch gefälligst um das, was wichtig ist.

ZWEITES GEBOT Lasst euch nicht vorschreiben, wie ihr auszusehen habt! Wer Bock auf Kopftuch hat, soll eins aufsetzen, wer Röcke tragen will, die kurz überm Arsch aufhören, soll das machen, wer bauchfrei gehen will, soll bauchfrei gehen, dann aber im Mittelteil nicht schwobbelig sein. Das ist unästhetisch. Ich hab mir bei der Gestaltung von zum Beispiel Orchideen, Alpen und Geparden optisch nicht so viel Mühe gemacht, damit *ihr* die Fußgängerzonen verschandelt, nur weil Taylor Swift oder die *Brigitte* euch erzählen, dass man jetzt so rumrennt. Ich bin die wahre Brigitte, und ich aber sage euch: Klamotten sind nett, aber am Ende scheißegal. Kümmert euch gefälligst um das, was wichtig ist!

DRITTES GEBOT Lasst euch nicht vorschreiben, wie ihr auszusehen habt. Ob smoky eyes oder Amy-Winehouse-Lidstrich, ich gab jedem von euch zwei Augen zum Rausgucken. Das ist eine feine Sache. Darauf muss man erst mal kommen. Ich finde es ehrlich gesagt schon ein bisschen frech, dass ihr diese prima Erfindung, die ich euch für lau mitgebe, noch verschönern wollt. Falls jemand euch einen Porsche schenkt, macht ihr doch auch nicht zuerst Kunstfell auf die Sitze, weil's besser aussieht, oder? Na also! Guckt euch also mit den von mir gemachten Augen um und kümmert euch gefälligst um das, was wichtig ist!

VIERTES GEBOT Macht Liebe! Reichlich! Sucht euch einen Mann, eine Frau oder beides, macht, was ihr wollt. Liebe ist wie Schokolade, immer eine feine Sache, egal in welcher Geschmacksrichtung.

Ich weiß, von Liebe reden die anderen Religionen auch, aber im Gegensatz zu denen meint Brigitte es auch so. Auch im Sinne von vögeln. Und sie spricht von Schokolade, und das tun die anderen nicht. Nicht mal Buddha, und der ist dick. Brigitte nicht. Sie hat nur schwere Knochen. Ein klarer Pluspunkt also für Brigitte. Außerdem ist ihre Liste übersichtlich. Vier Gebote. Das war's! Sie sagt, sie hat nichts dagegen, Vater und Mutter zu ehren, nicht zu stehlen, zu morden und zu lügen, aber dafür brauche man ja keinen Gott, darauf komme man auch mit gesundem Menschenverstand.

Ich bastle gerade an den Ritualen für unseren Brigittesdienst. Bei den Katholiken laufen Männer und Jungs in Kleidern durch die Kirche, tragen lustige Hüte. Einer läuft mit einem Kreuz voraus, ein anderer macht was mit Rauch, ein Dritter was mit Glöckchen! Dazu gibt's Musik. Ist vom Entertainment-Level nicht ausgefuchster als die *Carmen-Nebel-Show*, und da ist wenigstens schon eine Frau dabei. Da ist also noch Luft nach oben. Vielleicht könnte Vivian Westwood sich um passende Kostüme kümmern, statt Weihrauch gibt es Chanel N⁰. 5, und

Glöckchen und Orgel ersetze ich durch das Feel-Good-Album von *Spotify*. Alle Gläubigen tragen einen Kranz aus Gänseblümchen oder Sonnenblumen, einfach so, zur Hebung der Laune, und das mit der Oblate hat mir auch zu viele Anklänge an Entbehrung, Diät und Minimalismus. Bei mir bekommt jede Schokolade. Und statt Wein gibt's Prosecco. Es ist ja schließlich eine Frauenreligion.

Okay, ich gebe zu, da muss ich noch mal ran, das sitzt noch nicht, das ist noch nicht okkult genug, es klingt schon noch sehr weltlich. Aber Rom beziehungsweise der Vatikan wurde auch nicht an einem Tag erbaut.

Falls Ihnen meine Religion sympathisch ist, können Sie gerne mitmachen. Ich nehme jede auf, und Brigitte sieht es auch nicht so eng, hat sie mir gesagt. Wenn Sie jetzt beitreten, erhalten Sie zwanzig Prozent Frühbucher-Rabatt und einen Premiumplatz im Himmel. Da gibt's den ganzen Tag Wellness. Versprochen. Alles was Sie machen müssen, ist, das Anmeldeformular am Ende des Buches auszufüllen und mir 200 Euro zu überweisen. Ja, sorry, das ist natürlich bei uns auch nicht anders als bei anderen Religionen. Es geht um Kohle. Glaube ist nie kostenlos.

03
WIE ALLES ANFING –
VON PLAYMOBILMÄNNCHEN
UND PFERDEMÄDCHEN

Als Mädchen war Mädchensein für mich überhaupt kein Thema. Ich hab nie einen wesentlichen Unterschied gesehen zwischen Jungs und mir. Auch vonseiten meiner Eltern wurde keiner gemacht. Heute sind Spielzeugläden so streng in Jungs- und Mädchenbereiche getrennt wie sonst nur Toiletten. Für Jungs gibt's Piraten, Lego, Feuerwehrautos, Teleskope und Ritter; für die Mädchen Prinzessin Lillifee, Hello Kitty, Puppen, Barbie, noch mehr Prinzessin Lillifee und jede Menge rosa Gebömsel. Die Achtziger dagegen waren nur wenig rosa. Klar, auch in meiner Generation hatte man Barbies, Puppen und die *Wendy*, für Pferdemädchen. Aber ich wollte nie ein Pferdemädchen sein. Ich hab genau dasselbe gespielt wie Jungs: Mit Playmobil oder Autos, die je nach Wasser- oder Außentemperatur ihre Farbe veränderten.

Erst zu meinem siebten Geburtstag habe ich von meiner Tante eine Barbie geschenkt bekommen. Die Ultra Long Hair Barbie, deren blonde glatte Glitzer-Plastikhaare ihr bis zu den Plastik-Fußknöcheln reichten, was aber wahnsinnig unpraktisch war. Überall verhedderten sie sich, blieben an Türklinken hängen und sammelten eigenständig Essensreste. Selbst wenn man Stunden damit zubrachte, die Haare mit der dazugehörenden pinken Bürste zu kämmen, war Momente später wieder irgendwo ein Haarknoten. Barbie und ich wurden keine Freundinnen. Sie war anstrengend und nervig, wie eine Miniausgabe von Paris Hilton. Nach zwei Wochen schnitt ich ihr einen Bob. Ihr standen die verbliebenen Haare vom Kopf ab, als hätte sie dauernd Gegenwind. Sie sah wahnsinnig blöd aus mit dem Bob, und ich hatte überhaupt keine Lust mehr, mit ihr zu spielen. Bei Playmobilmännchen dagegen konnte man die Frisur einfach abnehmen. So ähnlich sah ich auch aus. Meine Mutter hielt das für praktischer. Auch als ich gern lange Haare gehabt hätte, fand meine Mutter, der Mecki-Schnitt »sieht doch frech aus und passt viel besser zu dir!«. Ich entwickelte deswegen kein Trauma, es gab noch nicht mal Streit, ich behielt einfach den pflegeleichten Topfschnitt. Auch Klamotten mussten mich nicht gut aussehen lassen, sondern hauptsächlich ihren Zweck erfüllen, also matschtauglich sein. Keiner fand mich jemals süß, und nie hab ich das vermisst. Wenn die Nachbarsjungs und ich etwas angestellt hatten, wurde die Strafe gerecht fifty/fifty geteilt. Weder hatte ich als Mädchen bessere Karten, noch bekam ich Bonus-Ärger, weil »ein Mädchen so was nicht macht«. Und das alles ganz ohne Gleichstellungsbeauftragte.

Drei Sätze meiner Eltern haben mich in meiner Jugend begleitet: »Du musst wissen, was du willst!«, »Mach dich nie abhängig!« und »Geh deinen eigenen Weg!«. Erst ging's ums Abitur, dann um die Wahl des Studienfaches und die ersten Schritte ins Berufsleben. Es stand außer Frage, dass meine Eltern mich bis zu dem Tag unterstützen würden, an dem ich mein Diplom-Zeugnis in der Hand hielt. Danach musste ich selbst klarkommen. Es war nie die Rede davon, dass dann irgendwer anders für mich aufkommen würde. Also etwa ein Mann oder etwas ähnlich Abstruses. Dazu bestand ja auch kein Anlass. »Wer was kann, muss sich keine Sorgen machen, und du kannst was.« Von Anfang an war klar: Ich war für mich selbst verantwortlich.

Zu dieser Erziehung kamen mit Schule und Studium insgesamt siebzehn Jahre, in denen es – geschlechtsunabhängig – immer nur um Leistungen ging, nach denen ich bewertet wurde. Fand ich. Ich hatte eine Eins in Deutsch, weil ich Lessing gelesen und halbwegs verstanden hatte, nicht weil ich ein Mädchen war. Ich ging automatisch davon aus, im weiteren Leben genauso bewertet zu werden.

Erst als ich anfing zu arbeiten, stellte ich fest, dass es im wahren Leben anders zugeht. Der erste Presse-Artikel, in dem ich erwähnt wurde, begann mit:»Sie sieht ein bisschen aus wie die kleine Schwester von Catherine Zeta-Jones ...« In meinen Anfängen beim Internet-Fernsehen war eine der am meisten gestellten Fragen von Journalisten:»Wie wichtig, glauben Sie, ist Aussehen?« Für mich eine absurde Frage. Ich war ja kein Model, ich moderierte eine Sendung. Ich wollte darüber reden, ob ich das gut oder schlecht machte, nicht darüber, ob mein Aussehen zum Erfolg des Formates beitrug. Ulrich Deppendorf wurde ja auch nicht gefragt, ob es für ihn in seinem Job hinderlich war, so auszusehen wie eine Figur bei den Simpsons.

Ich fühlte mich plötzlich, als wäre ich all die Jahre vorher verarscht worden. So als ob jemand Mark Zuckerberg erzählt, dass die Weiber sich doch nicht für ihn interessieren, weil er so ein dufter Typ ist, sondern weil er 96 Milliarden Dollar auf dem Konto hat. Ich stellte fest, dass es in der Welt eben nicht nur um Leistung geht, sondern um Geschlecht und Optik, und zwar unabhängig davon, ob man in den Medien arbeitet oder in der Metzgerei. Selbst Angela Merkel musste sich die Zonenflusen auftoupieren lassen, als es darum ging, Kanzlerin zu werden.

Ich sitze beim Programmdirektor eines Senders. Er hat mich eingeladen, um mit mir über meine Zukunft zu sprechen. Er wird gesehen haben, was ich so mache, denke ich, es wird ihm gefallen haben, denke ich. Stattdessen sagt er: »Lassen Sie mich ehrlich sein. Wir haben keine Frauen. Wir brauchen Frauen. Wir brauchen vor allem junge Frauen.« Sätze, die ich eher von einem Puffbesitzer erwartet hätte. Ich sitze also gar nicht hier, weil ich mitunter witzig bin, das ein oder andere brauchbare Interview geführt habe und an guten Tagen sogar unterhaltsam sein kann, sondern weil ich eine Frau bin. Hm. Der Programmdirektor und ich kommen nicht zusammen.

Es gibt die Anfrage für eine Rolle in einem Spielfilm. Namhaftes Team, bekannte Kollegen, guter Sendeplatz. Im Buch gibt es eine Nacktszene. Ich finde Nacktszenen eigentlich nur in Pornos sinnvoll, in anderen Filmen meist überflüssig. Ich frage, warum wir die Szene im Film haben, und höre: »In einem guten Film und einer guten Ehe erwarten die Leute auch ein bisschen Sex. Und das ist hier dein Part.« Hm. Ich hab die Rolle angenommen.

Vorbesprechung zu einer Veranstaltung, die ich moderieren soll. Ich rede mit zwei Frauen von der Eventagentur fünf Minuten über Inhalte und zwanzig Minuten darüber, was ich anziehe. Viel Zeit für wenig Stoff. Die eine Event-Frau ist in meinem Alter und sagt lachend: »Das Auge isst schließlich mit. Letztes Jahr hat das hier Jörg Thadeusz gemacht, und da ging das Auge mit leerem Magen nach Hause, wenn du weißt, was ich meine.« Hm. Ich moderiere die Veranstaltung im besprochenen Kleid.

04
HARTE MÄDCHEN,
HARMONISCHE FRAUEN –
NETT WAR GESTERN

Die Redaktionen meiner Sendungen waren bislang überwiegend weiblich besetzt. Der Umgangston war deswegen so, dass ich oft das Gefühl hatte, ich hätte zunächst einen Wunderbaum frühstücken sollen, bevor ich Kritik äußere, damit harsche Worte erst mal parfümiert werden. Daher ist die folgende Szene komplett ausgedacht, hat so nie stattgefunden, und alle Namen wurden sorgfältig geändert:

Bärbel hat einen Beitrag für eine Sendung geschnitten, und ich finde ihn nicht gut. Deswegen sage ich: »Bärbel, ich finde, so kann man's nicht machen, das ist scheiße!« Bärbel weint. Ich gebe zu, ich habe mich mit meinem Satz nicht für die Aufnahme in den Diplomatischen Dienst empfohlen, meinte damit aber weder »Bärbel, *du* bist scheiße!« noch »Bärbel, ich bin menschlich tief von dir enttäuscht, nimm dir bitte das Leben!«. Ich meinte lediglich: »Bärbel, das ist scheiße, ich finde, so kann man's nicht machen.« Das hab ich auch gesagt. Man mag es schöner formulieren können, aber ich halte es dennoch für inhaltliche Kritik. Das sage ich Bärbel. Sie weint noch lauter. Ich kann nicht gut damit umgehen, wenn Kolleginnen alles nass machen. Deswegen tritt unangenehme Stille ein. Bärbel sieht mich mit einem Blick an, der sagt, dass sie als Kollegin *und* Frau getroffen ist:»Du bist doch auch eine Krähe, wieso hackst du mir ein Auge aus? Kennst du keine Sprichwörter?« Das sagt dieser Frauenblick. Bärbel schluchzt entsprechend: »Ich finde das echt doof, wenn du so gemein zu mir bist!« Ich verstehe nicht, wieso inhaltliche Kritik gleich als gemein wahrgenommen wird, aber wir kommen nicht weiter. Ich glaube, Bärbel hat mir bis heute nicht verziehen. Wir sind jetzt angestrengt nett miteinander. Manchmal tun mir davon die Mundwinkel weh.

Das klare Wort ist ein generelles Problem für Frauen. Nicht nur für solche, die ihre Autos taufen und Ü-Ei-Figuren auf den Computer stellen. Auch toughe Mädchen haben's oft lieber harmonisch. Eine Freundin, die mit beiden Beinen fest im Business steht und einen Etat verwaltet, mit dem man sich ein schlecht laufendes Land in der Dritten Welt kaufen könnte, hat eine Telefonphobie. Meistens bekommt sie Anrufe von Agenturen, die wollen, dass das Unternehmen, für das sie arbeitet, Werbeanzeigen schaltet. »Schauen wir mal«, sagt sie dann, »das muss ich auch erst noch mit meinem Vorgesetzten absprechen.« Da sie ihr eigener Vorgesetzter ist, ist das glatt gelogen. Sie will aber nicht direkt absagen, um nicht das Gefühl zu haben, grob zu sein. Frauen würden am liebsten absagen, ohne abzusagen. Ich habe auch einige Veranstaltungen moderiert, weil ich meine Absagen so formuliert hatte, dass die Veranstalter sie als Zusage werteten. Meine Freundin hat den Anrufer jetzt nur vertröstet. Er wird sich in zwei Wochen wieder melden. Dann hat sie dasselbe Problem, nur größer. Sie kann deshalb auf der Arbeit an manchen Tagen nicht mehr ans Telefon oder meldet sich mit der verstellten Stimme ihrer völlig erfundenen zweiten Vorzimmerdame.

Frauen hätten niemals das Militär erfunden. Erstens würde

es ihnen nicht gefallen, jeden Tag dasselbe anzuziehen, und zweitens wären sie nie und nimmer auf die Idee mit dem Befehlston gekommen. Bei Frauen hieße es nicht »Kompanie stillgestanden!«, sondern vermutlich »Äh, hört mal, ich finde es schon echt prima, wie ihr alle so lauft, aber was haltet ihr jetzt mal zwischendurch von stehen?«.

Frauen haben dieses Harmoniebedürfnis. Ich habe auch diese Tendenz. Ich übe Kritik an Freundinnen, meine »üben« hier aber im Sinne von proben. So wie man bei Preisverleihungen eine Dankesrede vor dem Spiegel aufsagt, um sie dann »spontan« zu bringen, wenn's passt. Es ist mitunter erstaunlich, wie viele Anläufe ich brauche, bis ich einer Freundin sage »Du, ich finde, du hast dir eine komische neue Angewohnheit zugelegt«. Beruflich strengt mich die Harmoniesucht noch mehr an. Immer muss man sich durch mehrere Liter Milchkaffee schlürfen und etliche private Anekdoten austauschen, bevor das Eigentliche gesagt werden kann.

Männer schreiben »Donnerstag, 13 Uhr, klappt«. Ich habe deswegen noch nie gedacht: Oh, so kurz angebunden, wie der schreibt, kann er mich bestimmt nicht leiden. Ich dachte immer nur »Donnerstag, 13 Uhr, klappt«. Als ich einer Kollegin ähnlich knapp schrieb, fragte sie mich, ob zwischen uns alles in Ordnung ist.

Frauen haben diesen Hang, alles nett zu verpacken. Selbst um Drohungen machen sie noch ein Schleifchen. »Es wäre schon schön, wenn dies und jenes jetzt klappen würde.« Das heißt: Da hat jemand bereits das Messer gewetzt, tut aber so, als wär's eine Kuchengabel. »Es wäre schon schön, wenn …« bedeutet im Klartext: »Wenn dies und jenes nicht zügig passiert, dann knallt's!«

Aber das sagen Frauen nicht gerne. Bevor wir auf ein unangenehmes Thema zu sprechen kommen, fragen wir noch nach den Kindern, der Beziehung oder wie's im Urlaub war.

Deswegen biete ich jetzt bundesweit Kurse an: »Tacheles für Frauen«. Hier ist das Programm:

10.00 UHR Wir beginnen mit leichten Aufwärmübungen. Jede Teilnehmerin macht den anderen Komplimente. Sinn dieser Trainingseinheit ist es, die Komplimente einfach anzunehmen, statt wie bisher zu sagen: »Och, das war bloß 'n Schnäppchen«, »Die Schuhe hab ich schon ewig«, »Aber dafür kann ich gar nicht rechnen«, »Ihr hättet mich mal als Kind sehen sollen!«.

11.00 UHR Kaffeepause

11.30 UHR Kritik an den Aufwärmübungen. Ziel dieser Übungseinheit ist, erste Misstöne auszuhalten. Der Raum wird dafür abgeschlossen und vorher von Kleenex, Kaffee und Cupcakes freigeräumt. Wer heult, schmollt oder beleidigt ans Kuchenbuffet läuft, beginnt noch mal von vorne.

13.00 UHR Mittagspause

14.00 UHR Kritik für Fortgeschrittene. Hier geht es ans Eingemachte. Im Gesprächskreis werfen wir uns sachlich Sachen an den Kopf. Wer mehrfach unsachlich oder persönlich wird, wird zur Männergruppe abgeschoben und muss entsprechend sehr viel mehr Übungen machen. Alle anderen kritisieren sich weiter, wer Lust auf Herausforderungen hat, sogar mit Augenkontakt.

16.00 UHR Kaffeepause

17.00 UHR Abschließende Manöverkritik. Was und wer waren gut, was und wer haben uns nicht gefallen. Wen fanden wir völlig scheiße. Wer auch diese Übung ohne Rumeiern übersteht, bekommt eine Siegerurkunde und einen Cupcake.

05
MÄNNER UND FRAUEN
IN ZAHLEN UND FAKTEN

TEIL I

- Dinge, die überwiegend Männer machen, sind oft seltsam. Angeln zum Beispiel oder Exhibitionismus.
- Dinge, die überwiegend Frauen machen, wurden oft von Männern erfunden, Pilates zum Beispiel, chatten oder schwanger sein. Falls Gott ein Mann ist.
- Noch immer war keine Frau auf dem Mond.
- Der Physiknobelpreis wurde bislang an 191 Männer vergeben. Und zwei Frauen.
- 2013 sind in Deutschland 162 Frauen innerhalb von Partnerschaften getötet worden. Und 25 Männer.
- Anteil der Männer an den Verkehrstoten in Deutschland: mehr als 70 Prozent.
- Anteil der Frauen an allen Schönheitsoperationen in Deutschland: 85 Prozent.
- Durchschnittsalter der operierten Frauen: 41 Jahre.
- Häufigste Operation bei Frauen: Brustvergrößerung.
- Ausgaben für Lippenstifte in Deutschland pro Jahr: über 100 Millionen Euro.
- Anzahl der neuen Unterhosen, die sich ein Mann pro Jahr kauft: 6.
- Frauen verdienen in der Regel bei gleicher Qualifikation für

denselben Job 7 Prozent weniger als Männer. Außer in der Prostitution.

- Rund 80 Prozent der Frauen nehmen bei der Hochzeit den Namen des Mannes an.
- Anteil der Männer zwischen 18 und 65 mit problematischem Alkoholkonsum: über 30 Prozent. Anteil bei den gleichaltrigen Frauen: knapp 9 Prozent.
- Frauen werden bis zu dreimal häufiger Psychopharmaka verschrieben als Männern.
- Frauen an der Spitze eines Automobilkonzerns: 0. Dekorative Männer auf den Motorhauben von Autozeitschriften: 0.

06
JUNGS SIND KEINE ZICKEN ODER VIER BRÜSTE FÜR EIN HALLELUJA

Der Wilde Westen an einem ganz normalen Donnerstag. Eine schlanke blonde Frau mit wunderschönen blauen Augen und eine etwas stämmige dunkelhaarige Frau mit enormer Oberweite betreten einen Saloon. Und weil es Frauen sind und dies ein lustiger Western ist, ist es ein Frisör-Saloon. Ein paar andere Frauen, die schon bedient werden, drehen sich zu den beiden um, betrachten sie von oben bis unten und sagen dann etwas Blödes im Sinne von »Wer hat euch zwei Sumpfkühe denn von der Weide gelassen?« oder so. Klonk!, hat die Dunkelhaarige sich zwei der Frauen geschnappt und mit den Köpfen aneinandergestoßen und, spratzel!, hat die Blonde der dritten Frau mit dem Glätteisen die Nase verlängert, und dazu läuft prima Musik. Eine Geräuschkulisse, als würde in der Kantine am Schnitzeltag im Akkord Fleisch geplättet. So begänne »Vier Brüste für ein Halleluja« und wäre kein Hit. Gewalt war für Jungs von jeher eine Lösung und kam für Mädchen nicht in Frage. Die Jungs hatten Bud Spencer, die Mädchen Biene Maja. Beide waren dick und trugen in jedem Film dasselbe Outfit, aber wer cooler war, ist auch klar. Die neunmalkluge Nervbiene wäre nie auf die Idee gekommen, einer anderen Biene, die ihr dumm kam, mal gehörig in die Wabe zu scheißen. Im übertragenen Sinne.

Die Schlümpfe waren frech, blau und zu 98 Prozent männlich. Heidi dagegen war ein Mädchen und hatte immer etwas von einem Schweizer Nummernkonto mit Zöpfen. Jungs lösten sogenannte zwischenmenschliche Probleme untereinander, indem man den anderen beim Fußball weggrätschte, in den Schwitzkasten nahm oder ihm wenigstens Senf in die Schuhe schmierte. Mädchen lösten dieselben Probleme untereinander, indem sie die andere eine Schlampe nannten. Jungs konnten keine Schlampe sein, niemals, egal was sie anstellten. Als Mädchen war man dagegen fast automatisch irgendwann mal für irgendwen eine Schlampe. Mädchen bezeichneten andere Mädchen als Schlampen, wenn die was mit Typen hatten, die sie selbst gut fanden, und Jungs bezeichneten Mädchen als Schlampen, wenn die nichts von ihnen wissen wollten. Auch Jungs hatten gelernt, dass man Konflikte mit Mädchen nicht durch weggrätschen, Schwitzkästen oder Kopfnüsse lösen durfte.

Was bei uns Schlampe hieß, hieß bei Oma noch »leichtes Mädchen« und heißt heute bitch. Wobei, wenn ich das richtig verstehe, ist bitch eher ein Mittelding zwischen Schlampe und Zicke, aber auch das können Männer genauso wenig werden wie Schönheitskönig. Für bitch, Schlampe und Zicke gibt es kein männliches Pendant.

Ich war die halbe Pubertät damit beschäftigt, nicht für eine Schlampe gehalten zu werden. Das macht was mit Mädchen. Eine Kopfnuss unter Jungs war meist schnell vergessen. Das Schlampenlabel hingegen wurde man oft sehr lange nicht mehr los. Unter anderem bereitet dieser Umgang von Mädchen miteinander auch den Boden für die ungezählten Frauenmagazine, deren einziger Inhalt oft nur darin besteht, bitchy zu sein. Wer hat auch Cellulite, wer betrügt seinen Mann, wer wird betrogen, wer hat sich für ein doofes Kleid entschieden, und wer sieht einfach super aus. Frauenmagazine sind die Weiterführung des Schulhofs mit anderen Mitteln. Wäre die *Gala* für Männer gemacht, hätte sie einen Umfang von zwei Seiten. Wer den anderen weggrätschen kann, braucht keinen Gossip. Eine Beschimpfung, auf die man direkt mit einer Klatsche reagiert, führt zu einer schnellen Klärung der Lage. Wenn man auf »Deine Mudder steht vor der Rolltreppe und zählt Stufen« kräftig eine gemöbelt bekommt, formt das auf Dauer den Umgang oder zumindest den Humor. Unter Umständen kann man trotzdem anschließend noch gemeinsam was trinken gehen. Wer den anderen dagegen nachhaltig diskreditiert, will wirklich verletzen. Dies ist kein Aufruf zur Gewalt unter Mädchen, klar. Ich bin nicht zwingend dafür, dass Mädchen sich dauernd handgreiflich gegenseitig das Make-up verspachteln, aber es hat mitunter etwas Befreiendes, auch als Frau mal zu sagen: »Ey, ich glaub, du brauchst mal ein paar drauf!« Meine frühere Mitbewohnerin sagte, wenn ich ihr auf die Nerven ging: »Bauerfeind, wenn du so weitermachst, geht die Zahnbürste bei dir morgen ins Leere!« Das wirkte wie ein Reset. Ich wusste: »Aha, schalt ich mal lieber einen Gang zurück.«

Frauen müssen sich für diese Art von Smalltalk meist nicht nur sehr gut kennen, sondern sich auch sehr gut verstehen. Außerhalb von geschlossenen Freundschaftssystemen gibt es diese Möglichkeit eigentlich nicht.

Da draußen in der Welt bleibt nur: beleidigt sein, heulen, petzen oder so was wie Zunge rausstrecken! Mädchen haben also immer genau eine Option: zickig sein.

Vielleicht gäbe es deutlich weniger Zicken, wenn Mädchen von Anfang an wüssten, dass sie der anderen auch eine tafeln können, wenn die ihr ganz dumm kommt, oder sie beim Shoppen einfach weggrätschen. Ich wette, Mädchengangs, die durch die Straßen ziehen und sagen: »Ey, gib mir dein Handy, sonst frisst du hier den Bordstein«, gehen nicht danach zum Kaffeetrinken und sagen: »Ey krass, hast du gelesen, Miley Cyrus hat voll Spliss …« Das ist, wie gesagt, kein Aufruf zur Gewalt, aber ich fänd' es gut, wenn es noch eine Alternative zum Zickigsein gäbe.

Neulich saß ich mit meinem sechsjährigen Patenkind in einem Kinderfilm. *Tinkerbell und das Nimmerbiest.* Eigentlich sind eher Mädchen das Zielpublikum für den Film, aber der Junge sieht das nicht so eng. Er hat nichts gegen Mädchen. Allerdings waren die Libellen, oder was auch immer das für Disney-Wesen sein sollten, keine Vorkämpferinnen der Emanzipation. Denn die sehr dünnen Protagonistinnen waren über weite Teile des Films mit Heulen beschäftigt. Oder mit Haaren, Outfit und Stress untereinander. Der Junge nuckelte an seinem Popcorn und war unzufrieden: »Diese Heulsusen. Warum heulen Mädchen denn immer gleich, die sind so doof!« Dann warf er die Hände vors kleine Gesicht und ließ sich theatralisch in seinen Sitz fallen, um klarzumachen, dass er es wirklich gar nicht ertragen konnte.

Die einzigen Libellen, die er cool fand, waren die, die den Laden verteidigt haben und alle einen Tick krasser drauf waren. Ich bin gespannt, wie er das in zehn Jahren sieht, aber grundsätzlich hat es mir Hoffnung gemacht, dass der Vertreter der neuen Generation auf kämpferische Libellen steht. Vielleicht macht die Gesellschaft ja doch Fortschritte …

30

07
VERPISS DICH, DU ARSCHNASE! –
DAS MÄRCHEN VON DER HÖFLICHKEIT

Liebe Kinder, heute will ich euch von der Höflichkeit erzählen. Die Höflichkeit war schon sehr alt, und lange war sie bei den Menschen nicht mehr gesehen worden. Eines Tages aber sagte sie sich, ach, heute scheint die Sonne, die Vögel singen, ich will mal rausgehen und sehen, was aus der Welt geworden ist. Gleich nachdem sie das Haus verlassen hatte, kam ihr ein Radfahrer entgegen und rief: »Ey, verpiss dich, du Arschnase!« Die Höflichkeit erwiderte: »Guten Tag, mein Herr, womöglich ist Ihnen die Bedeutung jener roten Ampel nicht geläufig …«, aber der Radfahrer war längst weitergefahren. Seltsam, der kennt mich gar nicht, dachte die Höflichkeit verwundert und stieg in ihr Auto. Schon nach wenigen Metern wurde sie angehupt. Andere Fahrer machten wütende Gesten in ihre Richtung, nahmen ihr die Vorfahrt und schrien ihr entgegen, dass sie – verfickt nochmal – bremsen solle oder gerade eben nicht bremsen, ob sie dumm sei, behindert oder zu doof zum Scheißen. Menschen zeigten ihr ihre Mittelfinger, wischten sich mit flachen Händen vor den Gesichtern herum oder schmierten Popel an die Scheibe. »Im Straßenverkehr ist ja gar kein Platz mehr für mich«, dachte die Höflichkeit erschrocken. Früher fuhren die Autos noch mit Benzin, jetzt, so schien es, fuhren sie mit den Nerven ihrer Besitzer, also mit einem nicht nachwachsenden Rohstoff.

Die Höflichkeit ließ ihren Wagen bald stehen, um mit dem Bus weiterzufahren. Dort hatten früher die Jüngeren den Älteren ihren Platz angeboten; die, die einsteigen wollten, hatten gewartet, bis die, die aussteigen wollten, ausgestiegen waren, und jungen Müttern mit Kinderwagen war sogar beim Einsteigen geholfen worden. So jedenfalls hatte es die Höflichkeit in Erinnerung. Jetzt aber stocherten einsteigende Rentner mit Nordic-Walking-Stöcken zwischen die Beine von Aussteigenden, während die Höflichkeit von einer Portion Pommes Mayo gestreift wurde, deren Besitzer suppentellergroße Kopfhörer auf den Ohren hatte und ohne sich zu entschuldigen weiterging. Niemand stand auf und machte der Höflichkeit Platz. Alle stierten auf ihr Telefon und schrieben Nachrichten.

Die Höflichkeit stieg schnell wieder aus. Sie brauchte auf den Schreck erst mal einen Kaffee und ging in eins der angesagten Cafés, in denen junge Leute hinterm Tresen standen, die ausgesprochen hip und modern aussahen. Keiner von ihnen aber hatte je von der Höflichkeit gehört. Die räusperte sich höflich, aber die jungen Bedienungen bedienten sie dennoch nicht, sondern unterhielten sich stattdessen miteinander. »Boah, es war so megakrass, weil, ich so: ›Ey, geht's noch?!‹, und er so: ›Häh, komm mal klar?‹. Ich meine, ›Hallo‹, oder?« – »Voll«, sagte die andere, während sämtliche Kunden und die Höflichkeit in Grund und Boden ignoriert wurden. Als es endlich ans Bestellen ging, nickte die junge Frau hinter dem Tresen kurz und fragte: »Hm, du, was?«

Früher, als man die Höflichkeit in ähnlichen Läden noch kannte, waren Kellner gekommen, hatten nach Wünschen gefragt, hatten diese Wünsche weitergegeben, anschließend die Bestellung sogar bis an den Tisch gebracht und entsprechend Trinkgeld bekommen. Jetzt aber fühlte sich die Höflichkeit hier so fehl am Platz wie früher nur im Fußballstadion oder beim Sex. Dort hatte sie von jeher nichts zu suchen. Das hatte sie auch eingesehen. Zu rufen »Herr Neuer ist mir aufgrund seiner Vereinszugehörigkeit eher unsympathisch« war nicht so befreiend wie ein gebrülltes »Arschloch, Wichser, Hurensohn«; »Würdest du bitte den Geschlechtsakt mit mir vollziehen« war ungleich ungeiler als ein munteres »Fick mich, du Sau!«. Das hatte die Höflichkeit durchaus verstanden. Aber sich als Kunde in einem Café so behandeln zu lassen wie ein Fußballer bei einem Auswärtsspiel war nicht einzusehen, fand die Höflichkeit. »Entschuldigung, darf ich Sie mal etwas fragen?«, frug sie deswegen einen der anderen Kunden, »warum kommen Sie hier hin und lassen sich behandeln wie ein billiges Stück beim Vögeln?« Der angesprochene Kunde nahm die Kopfhörer von den Ohren und deutete auf das Schild an der Tür. »Free Wi-fi« stand da.

Ach ja, das Internet! Die Höflichkeit war nicht bei Facebook. Auch nicht bei Twitter oder Instagram. Niemand hatte sie da geliked oder war ihr gefollowed. In sämtlichen Kommentarspalten war sie unerwünscht. Im Internet war kein Platz für die Höflichkeit. Im Internet wollten die Menschen ihre aktuelle Befindlichkeit ausbreiten. Dazu brauchten sie die Höflichkeit nicht. Damit hatte ihr Ende angefangen, erinnerte sie sich. »Deine Zeit ist vorbei«, hatten ihre Freunde schon befürchtet, als sie zum ersten Mal vom World Wide Web gehört hatten. Auf die Frage, wessen Zeit denn jetzt stattdessen käme, hatten sie auf die Authentizität gezeigt, die damals noch winzig klein war und in den Kinderschuhen steckte. Die Höflichkeit hatte das nicht ernst genommen. Es war nicht abzusehen gewesen, wie groß die Authentizität wenig später werden würde. Mittlerweile war sie riesig. Sie war überall. Die Höflichkeit, die einst in einem prachtvollen Haus gewohnt hatte, war daraus formlos herausgeklagt worden. Wegen Eigenbedarfs. Von der

Authentizität. Jetzt hauste die Höflichkeit in einer Nische. Altbau. 850,– Euro. Kalt. Die Höflichkeit seufzte. Dann sah sie, dass die Authentizität sich auch in diesem Kaffeeschuppen breitgemacht hatte. Dick und bräsig saß sie beim Latte macchiato in einem abgewetzten Ledersessel, hörte Musik, tippte was in einen Laptop und grinste frech, als sie die Höflichkeit sah. Der platzte daraufhin der Kragen. »Jetzt hör mal gut zu«, raunzte sie und vergaß dabei gänzlich, wer sie war, »ich habe keinen Bock mehr! Wegen dir denkt jeder, dass es nur noch um ihn geht! Jeder ist sauer, wenn der Verkehr nicht so läuft, dass er am schnellsten zu seinem Ziel kommt! Wegen dir! Wegen dir denkt auch jeder, seine Meinung sei wichtig, obwohl er keine Ahnung hat und sich nicht mal um Ahnung bemüht. Wegen dir glaubt jeder, es sei nötig, jede bepisste kleine Befindlichkeit in die Welt zu tröten, und das geht mir massiv aufs Ei!« Die Authentizität war kurz irritiert. »Äh, du, wenn du mich hier haten willst, dann nur zu! Da hast du in null Komma nix einen derartigen shitstorm, dass du …«, weiter kam sie nicht, denn zack, hatte die Höflichkeit der Authentizität mit Wucht aufs Fressbrett gehauen, ihr ausgiebig mit dem Zeigefinger ins Auge gestochen und ihr gleichzeitig gezielt so tief in den Rachen gegriffen, dass sie die Milz mit dem Magen verknoten konnte und damit sämtliche Innereien blutig zum Platzen brachte. Ja, liebe Kinder, da staunte die Authentizität nicht schlecht, denn plötzlich war sie mausetot. Die Höflichkeit hatte gesiegt, und wie ihr alle wisst, bestimmt sie seitdem wieder unser aller Leben. Das ist doch toll, oder?

Ja, genau. Und morgen erzähle ich euch ein anderes Märchen.

08
IST KNIGGE NOCH KNORKE?
ODER »BITTE NACH DIR!«

Meine Mutter kennt noch den Begriff der Damenkarte. Die gab es früher in Restaurants. Das war eine Speisekarte ohne Preise, damit die Frau sich, ohne Rücksicht auf die Kohle, entscheiden konnte, denn zahlen musste eh immer der Mann. Unfassbar unemanzipiert, aber wahnsinnig praktisch.

Heute ist alles schwierig.

Ein erstes Date. Wir wollen essen gehen. Mir stellen sich Fragen:

Machen wir bei der Rechnung halbe-halbe, und wenn ja, muss man das vorher festlegen? Ist es nicht wahnsinnig unsexy, vorher zu diskutieren, wer nachher zahlt, so als würde man vor der Zeugung des Kindes schon über spätere Alimente reden? Was, wenn wir uns auf halbe-halbe einigen, ich dann aber nur stilles Wasser und Salätchen nehme, der Typ dagegen aussterbendes Tier in Salzmantel mit Süppchen vorweg und Pudding obendrauf und dazu drei Eimer vin blanc exorbitante? Schlimmer noch, kann ich ihn dann trotzdem noch einladen, oder denkt er automatisch, ich halte ihn für einen Loser, der sich sein Essen nicht leisten kann? Soll nicht der zahlen, der mehr verdient? Woher aber weiß ich, wer von uns mehr verdient? Warum zahlt nicht einfach jeder seins, aber wer zahlt dann das Wasser, von dem ich vielleicht zwei Gläser mehr hatte als er, oder aber zählen wir dann nicht nur Gläser, sondern schon Erbsen? Und angenommen, jeder zahlt seins, wer bestimmt dann das Trinkgeld? Oder machen wir da dann halbe-halbe? Gebe ich besonders viel, um zu zeigen, wie locker ich bin, oder extra wenig, weil ich nicht als protzig gelten möchte? Angenommen, ich esse seltenes Tier auf Gedönsbett in Safranschaum, und er zahlt's, denkt er dann, dass für den Preis aber Minimum fummeln im Auto drin sein müsste? Angenommen, ich zahle alles, will aber trotzdem fummeln, hält er mich dann für billig, und wenn ja, ist er dann blöd? Angenommen, wir essen beide dasselbe und rennen kurz vorm Bezahlen gleichzeitig weg, muss er mir dann den Vortritt lassen oder … heidewitzka, ich hab langsam keinen Hunger mehr … Vielleicht mache ich mir auch einfach zu viele Sorgen. Wir sind zwei selbstbewusste, moderne Menschen. Wir waren beide schon essen. Wir werden das hinkriegen.

Andererseits ist ein Date wie ein Bewerbungsgespräch für eine Beziehung. Man will alles richtig machen, sich von seiner besten Seite zeigen. Denn man weiß, man bekommt nicht so viele Chancen.

ZWISCHENSPIEL: TESTEN SIE IHR WISSEN!

Laut Knigge geht der Herr treppauf hinter der Dame, damit
A) er ihr auf den Arsch glotzen kann.
B) er in der besseren Position ist, falls oben Gefahren lauern.
C) er sie auffangen kann, wenn sie fällt.

Laut Knigge geht der Herr auf der Straße immer links der Dame und der Straße zugewandt, damit
A) sie besser Schaufenster gucken kann.
B) er weiß, wo links und rechts ist.
C) er sie vor den Gefahren der Straße schützen kann.

Laut Knigge betritt der Herr immer zuerst das Restaurant, damit
A) die Dame peilt, wo die Tür ist.
B) die andern im Restaurant schon mal wetten können, wie die Alte aussieht.
C) er feststellen kann, ob das Etablissement der Dame zuzumuten ist.

Sie ahnen es, in allen Fällen ist C) die korrekte Antwort. Knigge, und damit unser traditionelles Benehmen, geht von einer schwachen Frau aus, die ge- und beschützt werden muss. Ohne Mann purzelt diese Frau die Treppe hinunter, wird anschließend auf dem Gehweg vom Bus überfahren und torkelt entsprechend verletzt in eine Spelunke, wo sie übel über den Tisch gezogen wird. Ohne Mann geht diese Frau am besten gar nicht aus dem Haus.

So eine Frau bin ich nicht. Trotzdem mag ich zum Beispiel, wenn der Mann das Restaurant zuerst betritt. Ich will auf nüchternen Magen nicht von anderen Gästen angestarrt werden. Das hätte ich meinem Date vielleicht vorher sagen sollen. Jetzt hält er mir die Tür auf, um mich vorzulassen, und ich bleibe stehen, damit er zuerst geht. So könnten wir verharren, bis der Laden zumacht. Jetzt gucken erst recht alle. Jetzt ist er verunsichert. In die Verunsicherung hinein sage ich leise: »Der Mann geht vor«, und er sagt: »Welcher Mann?« und sieht sich um. Ich hätte auch sagen können »Geh du zuerst« oder »Komm, wir gehen in alphabetischer Reihenfolge«, aber dafür ist es jetzt zu spät. In einem hinteren Eckchen seiner Erziehung hat er meinen Satz zuordnen können, und ich sehe, wie er mich ganz neu beurteilt. So als hätte ich nicht gesagt »Der Mann geht vor«, sondern »Massentierhaltung finde ich ganz knorke« oder »Ich mag Burkas«. Dass Benimm heute Abend eine Rolle spielen könnte, hätte er nicht von mir gedacht. Ich sehe, wie es hinter seiner Stirn rattert, ähnlich wie bei mir eingangs mit der Rechnung. Aber Benimmfragen haben sich doch durch selbstbewusstere Frauen nicht erübrigt. Es stellen sich nur ganz neue. Und auch alte.

Nach wie vor legt zum Beispiel kein Kellner die Weinkarte der Frau hin. Alkohol ist immer noch Männersache. Natürlich sind für elf von zehn Männern Weine wie Chinesen, das heißt, sie können sie nur mühsam auseinanderhalten, aber kein Mann sagt zum Kellner: »Bringen Sie uns einfach was, das schön lull macht, aber nicht teurer ist als zwölf Euro.« Alle gucken aufwendig in die Karte und nehmen am Ende den Grauburgunder. Sie probieren den Wein, wie sie's mal irgendwo gesehen haben, nicken dann und sagen »Prima«, egal, ob der Wein aus Wein ist oder aus Kork. Ahnung vortäuschen ist auch Männersache. Umgekehrt: Keine Frau greift sich beherzt die Weinkarte und sagt dem Kellner: »Ich such mir mal einen feinen Roten, und bringen Sie ihm eine Fanta, er hat eh keine Ahnung und muss außerdem noch fahren.« Das wirkt seltsam.

Wir waren zwei ganz normale, selbstbewusste, moderne Menschen und wollten einfach nur was essen.

Weitere Fragen an die Knigge-Redaktion, die an dem Abend aufgetaucht sind:

- Muss der Herr der Dame nachschenken?
- Sollte der Herr der Dame besser nicht mehr nachschenken, wenn sie schon schön voll ist?

- Muss der Herr die Dame dezent darauf hinweisen, dass sie noch drei Pfund Salat zwischen den Zähnen hat?
- Darf die Dame das Handy mit aufs Klo nehmen?
- Darf die Dame beim Pinkeln eine andere Dame anrufen, um sich mit ihr über den Fortgang des Abends auszutauschen?
- Muss der Herr der Dame behilflich sein, das Handy wieder aus dem Klo zu fischen?
- Muss der Herr sich bis dahin zwingend auf das Niveau der Dame getrunken haben?
- Begleitet der Herr die Dame anschließend bei der erfolglosen Suche nach dem geparkten Auto?
- Sollte sich die Dame dabei jeglicher Kommentare enthalten?
- Zeigt der Herr ein Mindestmaß an Ritterlichkeit, wenn die Dame sich auch noch lautstark über Jugendliche und ihren fatalen Kleidungsstil äußert, auch wenn diese das überraschend humorlos aufnehmen?
- Ist die Dame verpflichtet, den Herrn bei der anschließenden Schlägerei verbal zu unterstützen?
- Ist es unhöflich, wenn der Herr die Dame am nächsten Tag aus der Liste der Facebook-Freunde streicht?

Ja, das moderne Leben ist in puncto Benehmen nicht einfacher geworden.

09
ROMANTIK, KAPUTT

Er hat geschrieben, heute warte eine Überraschung auf mich. Ich bin gespannt. Wir kennen uns seit kurzem, es hat sich gut angelassen, wer weiß, was es wird. Ich überlege länger, was ich anziehe, das ist ein gutes Zeichen. Ich nehme ihm ein Buch mit, ganz altmodisch, aus Papier. Falls er es bis jetzt noch nicht weiß, wird er daran sehen, dass ich nicht so modern unterwegs bin. Es ist also ein Date. Ich klingle bei ihm und höre im Hausflur ein undefinierbares Gebrumm, als hätte sich Samson aus der Sesamstraße den Magen verdorben. An der Wohnungstür stelle ich fest, dass es nicht Samson ist, der brummt, sondern Barry White. Und ich dachte, ich bin altmodisch! Überall brennen Kerzen, etliche Rosen haben sich entblättert und bilden eine Hänsel-und-Gretel-Spur in Richtung Wohnzimmer, und da steht er mit zwei Sekt in den Händen und sieht mich erwartungsvoll an. Und gleich darauf enttäuscht, weil ich so gucke, als hätte er mir eine kostenlose Darmspiegelung angeboten. So hab ich wahrscheinlich auch ausgesehen, als ich mit neun unbedingt einen Aladdin haben wollte und mir meine Eltern nicht den von Disney kauften, sondern die Billigversion aus dem ALDI. Sie hatten aus ihrer Sicht alles richtig gemacht, und aus meiner Sicht war alles blöd gelaufen. So wie jetzt. Er versteht nicht, wo der Fehler liegt, Barry White raunt ins Leere, und der Sekt wird langsam warm. Es wird dann doch kein Date. Ich nehme das Buch wieder mit.

Lange dachte ich, meine Romantik sei irgendwie kaputt. Ob der Mond aufging oder eine Schranktür, machte für mich keinen Unterschied. Seit ich mit sechzehn durch brennende Duftkerzen in meinem Sperrholzregal fast die Bude abgefackelt hatte, war mein Bedarf an Wachslicht gedeckt. Ich wusste nicht, warum Rosen romantisch sein sollen, Rosenkohl aber nicht. Ich wusste nicht, warum man in Wolken kleine, weiße Pudel erkennen muss, die durch den Himmel fliegen. Für mich sahen Wolken meist aus wie weißer Qualm vor blauem Hintergrund; nur einmal sahen sie aus wie Alice Schwarzer. Ich mochte Wolken trotzdem.

In Hollywoodfilmen werfen sie Ringe in Sektgläser und warten, bis der andere sich verschluckt. Dann wird geheiratet. Das gilt als romantisch, ich finde, es ist eher versuchte Körperverletzung. Damit ich nicht falsch verstanden werde: Jede Frau, die Sekt, Rosen und Pralinen zum Soundtrack von Bon Jovi wirklich super findet, soll das tun. Ich habe nur den Verdacht, die meisten machen sich über das, was sie wirklich schön, romantisch oder berührend finden, gar keine Gedanken. Man nimmt das, was da ist, und immer schon da war, so, wie viele das für Kunst halten, was im Museum hängt, oder Austern lecker finden, weil sie teuer sind. Man spielt nach, was man in Filmen gesehen hat. Solange er mir am Valentinstag noch Blumen schenkt, ist alles in Ordnung. Je teurer der Strauß, desto größer die Liebe. Einer Frau Barry White, Rosen und Sekt anzubieten ist, wie eine Pizza aufzutauen, wenn ein Italiener kommt, damit er sich zu Hause fühlt, oder den amerikanischen Präsidenten in Bayern mit Blasmusik und Gamsbart zu empfangen: Im Prinzip ist es gut gemeint, und man versteht die Absicht, aber es ist ein bisschen peinlich. Ich glaube, seinen Stil, seinen Geschmack und auch seine Romantik muss man sich erst erarbeiten.

Wir waren im Theater und wollen jetzt noch was trinken, irgendwo, wo wir noch nie waren. Wir geraten in eine heruntergegammelte Spelunke, die ihre besten Zeiten noch nie hatte. Es gibt Glastische, in denen Sand liegt und Deko-Seesterne, unter der Decke hängen Fischernetze, aber das Einzige, was darin jemals reichlich gefangen wurde, ist Staub. Der Laden ist so verqualmt, als würde Helmut Schmidt hier wohnen. An der Theke sitzen fünf Alkoholiker, die traurig aussehen und so, als säßen sie immer hier. Die Bedienung hat zu viele wache Nächte im Gesicht, und alle rufen sie Trixi. »Trixi, machste mir noch eins?« Trixi ist schon älter und bestimmt hier auch die Musik. Deswegen läuft jetzt was aus der Abteilung »Das Beste aus den Siebzigern«: Gordon Lightfood, *If you could read my mind*. Und plötzlich, direkt hier, macht alles Sinn. Nicht, weil man einen zu viel getrunken hat, sondern weil dieser Laden klein ist, in einer sehr, sehr großen Welt, weil das Universum traurig ist und trotzdem schön, wie ein gut gezapftes Bier auf diesem ungeputzten Tresen; weil Trixi vielleicht mal am Meer leben wollte und deswegen Sand in den Tischen hat; weil sie trotzdem Jahr um Jahr hier in der Stadt bleibt, aber ihr Traum vom Meer noch immer da ist. Weil das hier eine Szene ist, die Edward Hopper malen könnte. Weil aus all den verlorenen Seelen und kummervollen Kleinigkeiten, die sich hier versammelt haben, ein Zauber erwächst, durch den man versteht, wie wacklig und unbegreiflich das Leben ist. Wir beide, wir schnitzen jetzt und hier eine winzig kleine Kerbe in die Unendlichkeit, um zu sagen, dass auch wir noch da sind. Dieser Moment ist für mich romantisch.

10
RUHE JETZT! –
GESPRÄCHE MIT MÄNNERN

Frauen beim Erzählen einer Geschichte zuzuhören ist, wie dem Flug einer Mücke zu folgen, die vorher auf einem Bierglas Station gemacht hat. Es geht hierhin, dahin und sssmmm wieder zurück und, bäng!, vor die Wand. Man wird rammdösig, wenn man versucht hinterherzukommen. Auch mit viel gutem Willen. So empfinden das Männer, nach allem was ich höre.

»Ich hab heute die Steffi getroffen, die hat ganz schön abgenommen ... als die noch mit dem Holger zusammen war, weißt du, der Holger, der die Prüfung zum Zahntechniker nicht gepackt hat, weil die Freundin nach Steffi, ich weiß gar nicht mehr, wie die hieß ... die, die Petra mal beim Anwalt getroffen hat, aber nicht der, der die Scheidung von der Maren gemacht hat, der andere, weißt du? Jedenfalls, die hat eine SMS von Jochen gefunden ...«

So geht, aus Männersicht, eine normale Frauengeschichte, und er hat an diesem Punkt längst aufgehört zuzuhören. Er sagt nichts, er fragt auch nichts. Er nickt im besten Fall noch mechanisch wie früher die Dackel auf der Hutablage. Für ihn wird da eine dünne story massiv ausgewalzt. Wie bei *Shades of grey* und der *Twilight*-Saga. Zig Bände, für eine Geschichte, deren Kern auf einem Glückskekszettel Platz hätte. Frauenliteratur. Über Gefühle. Darüber zu reden ist für Männer eine überflüssige Sättigungsbeilage zum Fleisch einer simplen Geschichte. Frau trifft Mann bzw. Vampir, und am Ende wird gefickt. Fertig.

Männer haben bei Gefühlen Probleme mit allem, was über fünf Sätze hinausgeht. Oder über fünf Minuten. Wenn es länger dauert als Sex, aber kein Sex ist, kann es auf keinen Fall gut sein. Männer ticken wie Computer. Entweder eins oder null. Dazwischen gibt es nichts. Nichts, jedenfalls, was man irgendwie ausdrücken könnte, womöglich gar mit Worten.[*] Nichts kann bei Männern alles heißen. »Woran denkst du?« – »Nichts.« Neulich sah ich sogar eine Postkarte, auf der stand »Ich liebe dich«. Ohne Bild, ohne Gag, ohne Grafik. Einfach nur »Ich liebe dich«. So eine Karte muss für Männer sein. Nur die brauchen selbst für diese drei Worte noch einen Vordruck. Klar gibt es auch bei Männern Ausnahmen. Geschenkt. Im Wesentlichen gilt noch immer: Emotionale Gespräche mit Männern sind wortkarger als ein Stummfilm und zäher als ein gekochtes Steak.

Sie: Wie war's mit Jochen?
Er: Hmm …
Sie: Was heißt das? War's gut oder schlecht?
Er: Hmm.
Pause.
Er: Jochen hat Steffi betrogen.
Sie: Was? Echt? Mit wem?
Er: Keine Ahnung.
Sie: Woher weißt du das?

---

[*] Der Mann einer Freundin hatte sehr lange als PIN den Geburtstag seiner Exfreundin und als Passwort ihren Kosenamen. Er sah da kein Problem. Warum sollte er sich neue Daten merken, es ging doch um technische Vorgänge?

44

Er: Jochen.
Sie: Gibt's doch nicht. Was hat er denn gesagt?
Er: … dass er Steffi betrogen hat.
Sie: Ach du Scheiße. Und jetzt? Trennen die sich, oder was?
Er: Keine Ahnung.
Sie: Warum hat er sie denn betrogen?
Er: Weiß nicht …
Sie: Hast du denn nicht gefragt?
Er: Nö.
Sie: Weiß sie's schon?
Er: Jap …
Sie: Woher?
Er: Hat 'ne SMS gefunden …

Und da geht es über die Gefühle eines anderen Mannes. Wer, wie, was, wieso, weshalb, warum? In den Augen der Männer Fragen für die Sesamstraße. Und da wohnen nicht ohne Grund keine Jungs, sondern Puppen. Der ganze Gefühlssektor ist für Männer wie die Umkleidekabinen der Frauenabteilung bei H&M: Sie setzen sich den Frauen zuliebe davor und hoffen, sie können bald wieder weg.

Ein zwischenmenschliches Gespräch mit einem Mann ist wie ein Mensch-ärgere-dich-nicht-Spiel, bei dem der andere sich permanent weigert zu würfeln. Wie oft bin ich schon darauf reingefallen. Ich kippe einem Mann weite Teile meines Herzens vor die Füße, er legt die Stirn in Falten, und ich denke, jetzt, jetzt gleich, jetzt wird er was sagen, er denkt nur noch nach, und nach weiterem Schweigen sagt er dann: »Du, sag mal, haben wir noch von diesen Chips mit Wasabi?« Woher kommt das?

Ich war ungefähr fünfzehn und bei einer Freundin, und weil es um die Weihnachtszeit herum war, spielten wir mit der gesamten Familie Tabu. Dabei muss man innerhalb einer bestimmten

Zeit Begriffe erklären ohne bestimmte, vorgegebene Worte zu benutzen. »Welle« zum Beispiel, ohne »Strand«, »Meer« und »surfen« zu erwähnen. Die Mutter erklärte »Computer« spielend mit »das, wo dein Bruder immer vor sitzt«, der Bruder erklärte »Diät« mit »macht sie dauernd« und wies auf seine Schwester. Dann war der Vater dran, zog eine Karte mit dem Begriff, den er erklären sollte, und sagte nichts. Er sah sich hilfesuchend um, zuckte mit den Schultern und brachte nichts raus außer »Ähm … ja … schwierig«. Die Zeit rann zäh durch die Sanduhr, und am Ende guckten wir alle auf seine Karte. »Liebe« stand da.

Ich sitze in einer Eisdiele. Am Nebentisch eine moderne Familie. Vater, Mutter, kleines Kind. Die Eltern sind um die dreißig, das Kind ist um die eins. Es ist ein Junge. Sie zu ihrem Mann: »Du, ich geh in die Drogerie und hol was für den Urlaub.« Er: »Okay.« Sie zum Kind: »Die Mama geht noch mal ganz schnell weg und kauft Sachen, ne? Ja, auch für dich … n' neuen Nucki und Sonnencreme, ne, denn da, wo wir hinfahren, ist es gaaanz warm, und da müssen wir schön aufpassen, dass du nicht verbrennst, ne? Und Mückenschutz brauchen wir auch, und Babyöl, ne? Ja, Babyöl? Ich bin gleich wieder da, so lange bleibst du schön beim Papa, ne? Bleibst du schön beim Papa?« Das Kind bleibt einsilbig beziehungsweise dreisilbig und sagt: »Bawa ta.« Es wird, wie angekündigt, zum Papa gegeben, die Mutter verschwindet, und ab dem Moment passiert etwas Erstaunliches: Es tritt Ruhe ein.

Der Vater wippt das Kind auf den Knien, blättert nebenbei im Handy, sieht das Kind zwischendurch an. Das Kind sieht zurück und sagt entschlossen: »Bawa ta … bawa ta ta ta ta ta bawa.« Der Vater sagt: nichts. Er wird nämlich auch im Urlaub nicht mit den Einheimischen sprechen, solange die sich kein Deutsch draufgeschafft haben oder wenigstens Englisch. Er hält es mit dem Kind genauso. Solange das Kind mit ihm kein Deutsch spricht oder wenigstens Englisch, sieht er keinen Sinn darin, ihm zu erklären, was ein Lichtschutzfaktor ist, was er grad auf dem Handy bei Spiegel Online gelesen hat oder wie es ihm geht. Warum soll er permanent in ein Kind hineinplappern, dessen erwartbare Antwort »bawa tata« sein wird. Das bringt ihn ja keinen Meter weiter. So ist er nicht stellvertretender Leiter der Personalabteilung geworden. Und dem Kind bringt's ja auch nichts. Er wird ihm später, wenn es alt genug dafür ist, schon alles erklären. Aber jetzt noch nicht. Jetzt ist erst mal Ruhe.

Während die Mutter dem Einjährigen deutlich detaillierter erzählt, was sie vorhat, als ihrem Mann, redet der mit dem Kind einfach nichts. So ist er auch schon erzogen worden, womöglich von einem Vater, der Liebe nicht erklären konnte. So wird es bleiben für den Rest der Erziehung ... Später wird der Junge sich an diesen Moment im Eiscafé nicht mehr erinnern, er wird nicht mehr wissen, warum Frauen aus seiner Sicht immer quasseln und Männer immer schweigen. Er wird *Terminator IX* gucken, wo der dann vierundachtzigjährige Arnold Schwarzenegger immer noch nicht mehr sagt als »Hasta la vista, baby« und »I'll be back«. Oder *Transformers XII*, wo sich die Helden, wenn's brenzlig wird, einfach in ein Auto verwandeln können. Und andere, heute einjährige Mädchen, werden daran verzweifeln ...

11
REIFEN SIND MÄNNERSACHE UND ANDERE KLISCHEES

Selbst Helene Fischer kann man leichter entkommen als all den Klischees, die es über Männer, Frauen, Jungs und Mädchen nach wie vor gibt.

Eine Bekannte war beruflich längere Zeit im Ausland, bekam dort zwei Kinder und ist jetzt zum ersten Mal wieder zu Hause. Großes Hallo bei allen. Alle Frauen sagen zur kleinen Tochter, wie hübsch und süß sie ist, und zum Sohn nichts. Jedenfalls nicht, dass er hübsch ist oder süß. Er trägt eine Jeans und ein Superhelden-T-Shirt. Seine Schwester ist rosa. Sie mag alles, was pink ist, sagt die Mutter.

Als Mädchen fand ich Kleider und Röcke doof. Mädchensachen benachteiligten einen beim Spielen. Während Jungs in ihren Hosen machen konnten, was sie wollten, musste man im Kleidchen darauf achten, dass nicht ständig die Unterhose zu sehen war. Mit der saß man zudem immer direkt im Dreck. Wenn man vom Spielen zurückkam, hieß es bei den Kleider-Mädchen: »Och, Mensch, jetzt haste das schöne Kleid dreckig gemacht!« Hosen konnte man dagegen einfach in die Waschmaschine stecken. Mädchen müssen aufpassen, Jungs können die Klamotten egal sein.

Als Kleider-Mädchen bekam man früh beigebracht, darauf

zu achten, wie man steht und sich hinsetzt. Jederzeit kann man auch heute noch kleine Mädchen sehen, die nichts anderes mit ihrem Röckchen anzufangen wissen, als es ständig hochzulupfen, bis die Eltern sagen: »Annalena, nicht machen!« Es reicht ein Blick in die BILD, um zu wissen, dass der Blick unter den Rock bis heute nicht ausgestorben ist.

Im Märchen kann die Stiefmutter nicht ertragen, vom siebenjährigen Schneewittchen an Schönheit übertroffen zu werden. Vor lauter Neid beauftragt sie einen Jäger, das Kind im Wald umzubringen, muss den Job aber am Ende selbst machen. Schneewittchen wird von den Zwergen und dem Prinzen auch nur deswegen gerettet, weil sie so schön ist. Was wäre, wenn der Spiegel der Stiefmutter sagte: »Ihr, Majestät, seid fraglos die Schönste im ganzen Land, aber Schneewittchen hinter den sieben Bergen, bei den sieben Zwergen kann deutlich besser lesen, rechnen und schreiben als Ihr.« Gut, dann wär's vermutlich wirklich ein Märchen.

Meine Oma hat all ihre Klamotten zu allen bisher dagewesenen Feierlichkeiten abgespeichert. »Wisst ihr noch, wie toll das Wetter an Onkel Gustavs Siebzigstem war?« Keiner erinnert sich. »Doch, da hatte ich doch das lila Twinset an.« Onkel Gustav ist seit mehreren Jahren tot und wurde über achtzig. Der Siebzigste ist also eine ganze Weile her. Aber nach langem Kramen finden sich irgendwann Fotos. Oma trägt ein lila Twinset. Sie kann sich nicht erinnern, wann der Opa ihr mal ein Kompliment gemacht hat.

Auch ich wusste zum Beispiel von dem ersten Typen, in den ich verknallt war, genau, was er zu welchen Gelegenheiten anhatte. Wenn er Tennissocken mit vier bunten Streifen trug, konnte ich, noch Jahre später, die Farbe von jedem einzelnen Streifen nennen. Männer dagegen achten nicht auf Details. Männer sitzen nie in der Kneipe und sagen: »Guck mal, die da vorne, die hat ja tolle Augenbrauen.«

Während Frauen sich trendgerecht die Haare über dem Auge wachsen lassen oder zupfen, färben und kämmen, bekommt der Mann nichts davon mit. Einen Haaransatz können Männer gar nicht sehen. Es ist ihnen biologisch nicht möglich, so wie Kängurus nicht rückwärts hüpfen können. Aufwendig an sich rumoptimieren sollte man als Frau deswegen immer nur für sich, nie für einen Mann.

Mädchen können nicht automatisch tanzen. Ich zum Beispiel. Beim Ballett sah mein sterbender Schwan aus als hätte er Vogelgrippe. Heute kann ich mich auf einer Tanzfläche bewegen, es hat aber in der Regel nichts mit der Musik zu tun, die gerade läuft. Selbst beim Aerobic wirke ich eher so, als würde ich kegeln oder jedenfalls eine völlig andere Übung machen als die anderen. Ich fand dagegen schon früh Autos gut. Ich bin bis heute eine regelrechte Asi-Braut, bei allem mit vier Rädern. Je schneller und niveauloser, desto begeisterter bin ich. Ein tiefergelegter VW-Chirocco? Immer gerne. Mit geilen Boxen, aus denen die Atzen Disco Pogo plärren. Hätte ich nicht Angst, mich vor lauter Begeisterung um den ersten Baum zu wickeln, während die Atzen *Dingelingeling* singen, führe ich vermutlich wirklich eine Proletenschleuder erster Kajüte. Das war schon früh abzusehen. Meine Eltern haben mich trotzdem beim Gardetanz angemeldet.

Als wir alle unsere Führerscheine hatten und die Polos der Mütter ausfahren durften, fuhr ein Freund direkt bei seiner ersten Fahrt einen Platten in den Reifen und drehte darüber fast durch: »Meine Mutter bringt mich um! Meine Mutter bringt mich um!« Im Wagen saßen zur Hälfte Jungs und Mädchen. Wir hielten an, holten das Reserverad aus dem Kofferraum und stellten fest, dass wir jetzt zwar alle Auto fahren durften, aber keinen Schimmer hatten, wie man einen Reifen wechselt. Unsere Blicke gingen aber automatisch in Richtung der Jungen. Reifen sind Männersache! Mareike hat den Wagenheber am Ende dann in die Hand genommen und den Reifenwechsel erledigt. Es war eine sehr stille, rumpelige Rückfahrt. Auch der Weg aus den Klischees ist lang und steinig.

12
NICHT HIP –
DIE STIMME MEINER GENERATION

Ich wäre gerne die Stimme meiner Generation. Die, die man fragt, wenn's darum geht, was die Generation 30+ so denkt. Das ist ein ganz klarer Frauenjob. Wenn es darum geht, herauszufinden, wie wir so ticken, werden Helene Hegemann, Charlotte Roche oder Rebecca Martin eher gefragt als Phillip Lahm. Man fragt Sarah Kuttner oder Judith Holofernes und nicht Florian Silbereisen. Mich fragt man aber auch nicht. Und warum? Weil ich nicht hip bin. Bin ich nicht. Null. Nie gewesen. Nicht hip. Lady Gaga trägt eine Bluse aus Koteletts und ist ganz weit vorne, ich kaufe mir eine Blümchenhose und werde ausgelacht. Von meiner besten Freundin. »Na, haste dich heute als Jugendliche verkleidet?«, sagt sie, als sie mich in der Hose sieht. Es ist erbärmlich. Schon in der Grundschule hatten alle Kinder denselben grünen Amigo-Schulranzen mit neongelben Leuchtstreifen, und ich hatte einen pinken Scout, den damals niemand hatte, mit einem Hund drauf. Mein Ranzen von 1989 sah aus, als wäre er aus dem Sortiment von 1972 übrig geblieben. Heute würde man es retro nennen, damals nannte man es uncool. Alle anderen hatten LAMY-Füller mit eingraviertem Namen, ich einen No-Name-Tintengriffel aus dem Supermarkt. Nicht weil wir uns keinen LAMY leisten konnten, sondern, weil ich gar nicht wusste, dass es ein LAMY sein sollte. Alle schienen Bescheid zu wissen, nur ich nicht. Ich vermutete, dass sich die anderen Kinder heimlich hinter meinem Rücken trafen, um zu verabreden, was jetzt angesagt war. Ich stellte mir vor, wie sie sich zum Abschied zuriefen: »Aber sagt bloß der Katrin nichts!« Deswegen hing ich vor der *Lindenstraße*, als alle *GZSZ* guckten. Den Adidas-Superstar, Must-have-Schuh meiner Jugend, hatte ich mit Mitte zwanzig, als der Schuh so untragbar geworden war wie später Guttenberg als Verteidigungsminister. Immer war ich zu spät. So ist es bis heute geblieben. Ich fange mit Yoga an, wenn die anderen längst bei Pilates sind, ich koche vegetarisch, wenn alle seit einem halben Jahr vegan leben. Während jeder sich Ed Sheeran runterlädt, hab ich gerade Coldplay entdeckt. Ich will nach Berlin ziehen, wenn die Hipster die Hauptstadt wieder verlassen und krasse Lofts in Leipzig kaufen. Ich weiß nicht mal, ob man überhaupt noch »krass« sagt. Wahrscheinlich ist »krass« mittlerweile so was wie »schnafte«, »dufte« oder »fett«, also ein verbaler Beweis, dass man nicht mehr weiß, was los ist.

Ich hab zwar im Internet angefangen, dachte aber trotzdem lange, Hashtags sind was zum Rauchen. Vermutlich war selbst Claus Kleber vor mir bei Twitter. Es ist echt erbärmlich. Jetzt bin ich bei sämtlichen sozialen Netzwerken, hab aber noch nicht einen Shitstorm hinbekommen. Wie will man 2016 hip sein, ohne eigenen Shitstorm? Ich bin also einfach nicht hip und deswegen keine Repräsentantin der Jugend. Thomas Gottschalk ist vierundsiebzig Jahre alt und gilt immer noch als irgendwie jugendlich, ich bin knapp über dreißig, und mich befragt man in Interviews zum Thema Wechseljahre. Dabei denke ich ja, dass die meisten meiner Generation so sind wie ich, also nicht hip und krass, sondern normal. Durchschnitt. Deswegen habe ich im Folgenden mal Beweise dafür zusammengestellt, dass ich die nichthippe Stimme meiner Generation bin. Es sind gesammelte Tagebucheinträge.

22. JULI 1996

Seit gestern bin ich vierzehn und voll krass. Ich bin total klar im Kopf, obwohl ich eine ganze Flasche Wodka geext hab. Ich hab keinen Kater, nichts. Sanne fand voll doof, dass es auf der Party nur Alkohol gab. Alle nehmen doch jetzt Ecstasy, sagt sie, aber als ich letztens Ecstasy kaufen wollte, hat mir der blöde Björn M&Ms angedreht, für über 80 Mark. Und dann auch noch die mit Erdnüssen, die ich nicht mag. Es stand sogar noch »M&M« drauf, aber Björn meinte, das wären Mecstasys, die wären noch härter als Ecstasys, damit wär ich voll hip. Björn ist doof. Mama ist grad reingekommen. Sie sucht das destillierte Wasser zum Bügeln. Sie hat es in eine Wodkaflasche gefüllt, sagt sie, und die ist jetzt leer. Ich will im Boden versinken.

19. NOVEMBER 1996

Ich will krasser werden. Deswegen habe ich beschlossen, heute was beim H&M zu klauen. Eigentlich darf man nur drei Teile mit in die Kabine nehmen. Ich nehme heimlich sechs T-Shirts mit, die ich alle übereinander anziehe, aber ich bin zu aufgeregt und lasse meine alte Winterjacke in der Kabine hängen, während ich mit den neuen T-Shirts aus dem Laden renne. Draußen liegt schon Schnee, und ich friere voll schlimm. Als ich zurück in die Kabine schleiche, ist meine Jacke weg. Die Verkäuferinnen hier klauen wie die Raben. Ich muss in den T-Shirts durch den Schnee nach Hause. Wahrscheinlich hab ich morgen eine Lungenentzündung.

20. MAI 1998

Heute mach ich das ultimativ Krasseste, was ich mir vorstellen kann: Ich stell mich auf den Straßenstrich. Ich weiß allerdings nicht, wo der ist und ob wir überhaupt einen haben. Ich vermute ihn am Hauptbahnhof. Mache Mathe und Sport blau und stelle mich da hin. Allerdings kommt in der Zeit kein Zug und erst recht kein Freier. Dann kommt doch ein Typ. Ich frage ihn, ob er Sex will, für vierzig Mark oder so. Er sagt, dass er gerade auf dem Weg zu seiner Oma ist und ganz blöd beklaut wurde und ob ich ihm vielleicht fünfzig Mark leihen kann. Er verspricht, dass er mir die Kohle demnächst wiedergibt. Bin gespannt.

04. SEPTEMBER 2000

Ich habe jetzt einen Freund. Torben und ich wollen heute Sex machen, weil meine Eltern nicht da sind. Weil ich total krass drauf bin, will ich einen Dreier. Torben hat schon Marcel gefragt, den ich auch ganz süß finde, aber der sagt, er hat Chorprobe und kann nicht. Michael würde das mit dem Dreier machen, aber nur mit Laura, weil er mich nicht krass findet, der Arsch. Lukas will mitmachen, ist aber voll der Loser. Mein Bett ist so klein, dass nur Torben und Lukas reinpassen. Torben fragt, ob ich nicht Bock hätte, den beiden an der Bude Bier zu holen und vielleicht noch Chips oder so. Ich finde, dass das nichts mit einem Dreier zu tun hat. Die Jungs sehen das anders. An der Bude treffe ich Marcel. Das mit der Chorprobe war also gelogen. Als ich mit dem Bier zurück bin, streiten die beiden Jungs sich gerade über Fußball. Torben fragt mich, wie ich den FC Bayern finde, und als ich sage, blöd, macht er Schluss mit mir. Lukas fragt mich, ob ich stattdessen mit ihm gehen will. Er sagt, er erbt später mal die chemische Reinigung seiner Eltern, und damit hätte ich finanziell ausgesorgt. Ich glaube, ich werde nie krass …

13
ICH VERSTEH DIE WELT NICHT MEHR ...

MODE UND BLOGGEN

Es ist so weit. Ich versteh die Welt nicht mehr. Als man in den Neunzigern bei uns zum ersten Mal was von Star-Friseuren hörte, schüttelten Freunde meiner Eltern den Kopf. Prominent werden durch Haareschneiden war für sie nicht nachvollziehbar. »Was kommt als Nächstes? Der Star-Metzger? Der Super-Klempner?«, denn auch Super-Models wurden belächelt. Dass jemand berühmt sein konnte, weil er Klamotten auf und ab trug, konnte man nicht verstehen, und ich dachte: Ja, wenn man erst mal so weit ist, dass man solche Entwicklungen nicht mehr blickt, dann ist man alt. So alt wollte ich nie werden. Jetzt gibt es Modebloggerinnen. Und ich schüttle den Kopf. Eine ganze Weile dachte ich, eine Modebloggerin ist eins unter Schmuckdesignerin, also einfach nur ein schöneres Wort für arbeitslos oder Exfreundin eines B-Promis. Dann las ich, Modebloggerinnen haben mittlerweile ihre eigenen TV-Formate, bekommen eigene Schuhkollektionen, und es gibt einen vielbeachteten Modeblogger-Award. Kurz: Modebloggerinnen sind cool, hip und schweinereich! Chiara Ferragni, die erfolgreichste Bloggerin der Welt macht angeblich mehr als sechs Millionen Euro Umsatz im Jahr, nur durch Kooperationen mit großen Firmen. Dabei wette ich, während damals in den Neunziger jeder Claudia Schiffer kannte, würden die meisten Deutschen Chiara Ferragni heute für einen Sportwagen halten oder irgendwas mit Nudeln. Wann immer ich in den sogenannten Frauenzeitschriften Frauen sehe, die ich nicht kenne, sind es Modebloggerinnen. Diese Hefte sind voll von denen. Wenn ich das richtig verstehe, besteht der Job der Modebloggerin darin, Leute mit Werbung zu versorgen, die denken, dass sie durch klassische Werbung womöglich manipuliert werden. Das, glaube ich, kriege ich auch hin. Hier ist mein Bewerbungsschreiben:

Liebe Grazia, Intouch, Instyle usw.,
hiermit bewerbe ich mich bei Ihnen als Modebloggerin. Ich bin häufig originell angezogen. Hier, auf diesem Foto zum Beispiel, wollte ich eigentlich bloß mit dem Hund raus und bin schnell in die Sandalen gesprungen. Dann fiel mir auf, dass ich gar keinen Hund habe und es draußen kalt ist, da hab ich Socken dazu angezogen. Das sieht crazy krass aus, und ich finde, dass das Trend werden und bleiben sollte.
Ich kann außerdem voll gut Selfies machen. Hier zum Beispiel, das bin ich vorm Eiffelturm. Den finde ich mega-out, denn oben schlank und unten breit ist als Style jetzt doch schon eher uncool. #Hollywooddiät.
Und das bin ich vor der Freiheitsstatue in Amerika. Die kann man jetzt nicht erkennen, weil sie nicht drauf ist, aber es geht ja auch um mich. Und ich bin drauf. Außerdem sehe ich besser aus als die Freiheitsstatue, denn dieser Faltenfummel geht echt gar nicht, sorry. Aber das mit der Fackel ist süß, ich glaub, das mache ich bei der nächsten Gartenparty, und Freiheit an sich ist natürlich auch super. Die hab ich auch schon auf Facebook geliked. Genau wie Weltfrieden, Gerechtigkeit und Louis Vuitton.
So, hier hab ich mein Mittagessen geknipst. Der Teller ist size zero, genau wie ich. Das war ein Witz! Humor finde ich voll wichtig, Freunde und Familie aber auch. Das links ist meine Mutter.

Also, in echt würde ich da jetzt natürlich noch n' Sepia-Filter drauflegen und sie bearbeiten. Schon klar, dass ich meine Mutter jetzt nicht unbearbeitet posten würde. Das wär ja mega-peinlich. Aber es geht ja hier mehr um die Idee.

Das sind jetzt einfach nur so Bilder von mir, weil, dann habt ihr noch mal 'ne andere Seite von mir gesehen. Also, jetzt nicht wirklich 'ne andere Seite, denn von links sehe ich so'n bisschen weniger sexy aus, deswegen knips ich mich immer nur von rechts, klar. Das bin ich, und das hier bin ich auch, und das bin ich auch. Ja, das hier war auf der Beerdigung von meiner Tante oder Oma oder wer das war. Tod gefällt mir nicht mehr, hab ich auch schon gepostet, aber das Foto finde ich trotzdem ganz gut, weil ich in Schwarz ganz schön heiß aussehe. Die Mascara, die ich da habe, hab ich übrigens neu, das könnte ich dann auch verlinken. Ich hoffe, ich habe euch überzeugt, ansonsten kann ich natürlich noch mehr Bilder von mir schicken. Sagt mir einfach Bescheid, ob ihr mich auch so cool findet wie ich mich, und dann kann ich im Prinzip sofort losbloggen. Das wär toll.

Die Katrin

NACKT AUF DEM HANDY

Ähnlich ratlos wie Modeblogger hinterließ mich der Nackt-bilder-Skandal. Sämtliche Stars, die in der Vergangenheit davon erzählten, gehackt worden zu sein, hatten offensichtlich Nacktbilder auf ihren Handys. Von sich. Noch erstaunlicher: Außer mir scheint sich keiner darüber zu wundern. Offenbar ist es heute üblich, so was zu verschicken. »Komme zehn Minuten später, anbei meine Möpse!« – »Hab dich lieb, hier ist mein Arsch!«

Ich habe das schon früher nicht verstanden, wenn Freundinnen zum Fotografen gegangen sind, um »erotische Fotos machen zu lassen«. Das war ein weitverbreiteter Traum, quasi das 102. Ding, das man mal gemacht haben sollte, bevor man stirbt. Einmal nach New York fliegen, einmal Bungee-Jumpen, einmal Nackte-Hupen-Bilder. Die Bilder waren meist gleichzeitig immer das Geburtstags- oder Weihnachtsgeschenk für den jeweiligen Freund. Das Argument war: Besser er guckt mich nackt als eine andere. Ich fand, das war ähnlich sinn- und hilfreich wie Mutti, die früher einen halben Schokoriegel ins Pausenbrot gemogelt hatte, um zu verhindern, dass wir, statt ihre Stulle zu essen, zu McDonald's gingen. Das Ergebnis war: Wir aßen den Schokoriegel und gingen anschließend zu McDonald's. Burger war einfach geiler als Stulle. Ich persönlich wollte aber weder Burger noch Stulle sein. Ich fand, man sollte sich gar nicht erst in diesen Wettbewerb begeben. Die Jungs versuchten umgekehrt ja auch nicht, sich optisch in die Take-That-Liga zu arbeiten. Andere Mädchen wollten ihren späteren Enkelkindern zeigen können, wie heiß die Oma früher mal war. Abgesehen davon, dass es psychisch bedenklich ist, wenn sich später sehr junge Leute dafür interessieren sollten, wie erotisch die Oma ist, stellt sich mir die Frage: Warum ist die Oma nur spannend, wenn sie blankzieht? Mein Ehrgeiz wäre ja, schon aus Prinzip auch angezogen interessant zu sein. Meine Mutter hat früher immer gesagt: Im Sommer kann jeder Röcke tragen, soll heißen, ausziehen kann sich auch die Dümmste.

Einige dieser Bilder von meinen Freundinnen habe ich gesehen. Auf den Fotos haben damals schon alle so geguckt wie Kim Kardashian heute. Damals hieß es Schnute, heute heißt es duckface. Wer hat das eigentlich erfunden? Wer hat Frauen gesagt, dass sie so besser aussehen? Das zugehörige Erpel-Gesicht bei Männern hab ich jedenfalls bislang noch nirgends gesehen. Zu Recht. Bei Frauen ist das mittlerweile so verbreitet, dass man sie zu Brutzeiten von den Teichen fernhalten muss, damit die Entenküken nicht hinter ihnen herlaufen. Frauen wollen von Männern auch nackt noch süß gefunden werden. Das ist in etwa so sinnig, wie jemandem, der Hunger hat, noch einen Lolli aufs Schnitzel zu legen, aus Angst, er würde es sonst nicht essen. Nach meiner Erfahrung ticken Männer in der Regel nicht so vielschichtig, wenn's um nackte Frauen geht. Wenn schon nackt, warum wollen Frauen dann also nicht zum Beispiel cool, lässig oder wenigstens fröhlich wirken? Gerade im erotischen Nacktsein haben Frauen doch deutlich mehr Variationsmöglichkeiten als Männer.

Ich habe mich gefragt, wie diese Bilder bei den beschenkten Männern angekommen sind. Da hat einer seit Wochen dezent darauf hingearbeitet, dass er zum Geburtstag einen Motorradhelm bekommt, einen Gutschein für einen Tennisschläger oder wenigstens die coole Jeans, die sie neulich zusammen im Schaufenster gesehen haben. Stattdessen bekommt er die gerahmte nackte Frau. Jetzt läuten bei ihm alle Alarmglocken, denn er kann praktisch nur Fehler machen. »Ich hab ja gar nicht gewusst, dass du auch so aussehen kannst.« Schwierig, denn das heißt: Schatzi, ohne aufwendiges Licht, Filter und Schwarzweißabzug bist du eher nicht so die Sexbombe ... »Mensch, prima Bilder, aber wir haben ja schon die Winterlandschaft im Wohnzimmer hängen« heißt, sein Bedarf an »Kunst« ist schon gedeckt, und der Tennisschläger wär ihm deutlich lieber gewesen. Erschwerend kommt hinzu: Diese Bilder damals waren ja noch analog. Für heutige Teenies ist das so, als ob man sich statt Handy eine Telefonzelle in die Jacke schieben müsste. Aber der technische Fortschritt hat ja inhaltlich noch nie irgendwas verändert. Er macht alles nur schneller und einfacher. Die Mädels müssen deswegen jetzt nicht mehr zu einem Provinz-David-Hamilton, sondern können alles gleich selbst erledigen, und die Jungs können ihre aktuelle Trophäe herumzeigen, ohne im Keller aufwendig nach dem gerahmten Ding zu fahnden. In den USA scheint das Nacktbilder-Ding noch verbreiteter. Auch der Begriff Sexting, als Mischung aus Sex und Texting, kommt von drüben. Ein Volk, das sich geschlossen weigert, ohne Badehose in die Sauna zu gehen, macht es zum Volkssport, sich nackt zu versenden. Aber gut, da gibt's ja auch Pizzen, die noch extra Käse im Rand haben. Ich jedenfalls hatte noch nie ein Nacktbild von einem meiner Typen auf meinem Handy. Ich wüsste auch nicht, warum ich die verschicken sollte. »Guckt mal, Mädels, wie super der ist, könnt ihr mit Klamotten gar nicht sehen.«

Nach meiner Erfahrung wirkt einer mit der allgemeinen Ausstrahlung einer 20-Watt-Birne auch mit mörder Bauchmuskeln am Ende nicht deutlich spannender. Nur aus Jux verschicke ich demnächst mal Bilder eines Buchregals und schreibe: »Guckt mal, Mädels, die hat er alle gelesen.«

GEFÜHLE UND ☺ EMOJIS ☹

Damit sind wir bei Teil III des Zyklus: »Katrin versteht die Welt nicht mehr«.

Der inflationäre Gebrauch von Knutsch-Gesichtern, Herzchen und Sternschnuppen hinterlässt mich ratlos. Schon die Neandertaler bemalten ihre Höhlen mit Bisons, Füßen, Speeren und Ähnlichem. Das verstehe ich, denn damals konnten die wenigsten schreiben. Wollte man anderen etwas mitteilen, dann musste man auf Zeichen zurückgreifen. Aber heute, dachte ich, müsste man sich im Idealfall auch durch sogenannte Worte verständlich machen können. Aber ich saß im Flugzeug jetzt schon ein paar Mal neben Frauen, die durchaus auch älter waren als ich und quasi alle zehn Sekunden eine Statusmeldung absetzten: »Schatzi, bin auf dem Rollfeld, Herzchen, Herzchen, Flugzeug, Sonne« … »Schatzi, starte gleich, Uhr, Smiley, Smiley, Wolke« … »Schatzi, muss ausmachen, freu mich auf dich, Kussmund, Kussmund, Kussmund«. Wenn die Frauen durch ihre Nachrichten scrollen, sieht es aus, als wäre ein Knallbonbon auf dem Display explodiert. Jetzt stellt sich mir die Frage: Sitzt da zu Hause ein Typ, liest »Ich freu mich auf dich« und fragt sich »Häh? Wie? Was soll das heißen?«. Dann fängt er an zu grübeln: Sie freut sich auf mich, um mir mal richtig die Meinung zu sagen? Oder sie freut sich auf mich, aber eher ironisch, so wie man sagt »Das hat mir gerade noch gefehlt«, aber praktisch das Gegenteil meint, oder liest der im Grunde quasi nur blöckselbabbelsummsel, hat gar keine Ahnung, was gemeint ist, bis er die drei Kussmünder sieht und denkt: »Ah, jetzt versteh ich, sie meint praktisch, dass sie sich auf mich freut!« Und wenn das so wäre, warum freut sie sich auf so einen? Fragezeichen, Zwinkersmiley.

Wie gesagt, Ironie wird ohne eine beigefügte Emoticon-

Armee ja praktisch gar nicht mehr verstanden, und auch in dienstlichen Mails wird mittlerweile ordentlich was wegge- zwinkert. Ginge Moses heute noch mal auf den Berg und käme mit den Zehn Geboten zurück, wäre es mit »Du sollst nicht be- gehren deines Nächsten Weib« nicht mehr getan. Er würde heute noch einen durchgestrichenen Kussmund dahinter in Stein meißeln. Aber vielleicht bin ich jetzt einfach auch nur schon zu alt.

14
WELLNESSPAKET II
MIT POPCORN UND PEDIKÜRE

Wenn es brennt, kippt man Wasser aufs Feuer, oder man ruft die Feuerwehr, und die kippt dann Wasser aufs Feuer. Man käme nicht auf die Idee, sich mit einem Architekten zusammenzusetzen, um um das Feuer herum etwas zu bauen, was das brennende Wohnzimmer schützt. So was würde man Blödsinn nennen. Oder Wellness. Wer heute Stress hat, bekämpft nicht die Ursachen des Stresses, sondern macht Wellness. Gegen die tägliche Telefonkonferenz morgens um vier mit Hongkong hilft die wöchentliche Thai-Massage, gegen das ständige Telefonklingeln im Büro gibt's Klangschalen, und wer sich im Job auspowert, kann das mit Poweryoga wieder ausgleichen. Wellness ist prima. Wellness ist top. Wellness ist deswegen jetzt überall drin: im Joghurt, in der Handcreme und im Friseur.

Als ich klein war, ging man noch zum Haareschneiden. Der Laden hieß wie der Friseur (Salon Eberle), und man war in einer halben Stunde wieder draußen. Die Anforderungen an das Personal mit den Scheren war, auch bei komplexeren Wünschen wie Dauerwellen oder Strähnchen: schnell, günstig und gut. Eine Frisur, die mehr als 30 Mark kostet, war nicht vorstellbar. Nicht mal Chewbacca aus *Star Wars* hätte dafür genug Haare gehabt.

Dann hießen Friseure plötzlich Hairstylisten und die Salons Vierhaareszeiten, Haarbracadabra oder Pony and Clyde. Die Preise zogen an, und man saß länger in den hochfahrbaren Stühlen. Selbst wenn man keine Strähnen wollte. Heute sehen die Läden aus, als wäre Tine Wittler da gewesen und hätte was mit indirekter Beleuchtung gemacht. Terracottafarbene Wände und feine Mahagoni-Ablagen. Man hat das Gefühl, in einem angesagten Café zu sitzen, wo einem der Kellner keinen Cheesecake bringt, sondern eine Frisur. Tatsächlich bekommt man ja auch Getränke. Ein Sektchen mitunter und Kaffee sowieso, so viel man will. Bis vor kurzem durfte bei meinem Friseur sogar noch geraucht werden.

Der Friseur hat zum Haarewaschen jetzt einen Massagestuhl. So einen Rentner-Fernsehsessel mit Fernbedienung. Jemand massiert einem den Kopf, während der Sessel einem Billardkugeln über den Rücken kullert. Hallo, ich bin Wellness, Leute, ruft der Sessel!

Wenn ich möchte, wird mir noch das Gesicht gestreichelt, und mir werden in diesem Sessel die Augenbrauen gezupft, die Wimpern gefärbt, oder die Azubine malt mir ein schickes Tages-Make-up ins Gesicht. Massage, Kosmetik, Friseur, drei in eins. Mega-Wellness. Gut, man muss dafür im Grunde seinen Jahresurlaub nehmen, denn das Ganze dauert. Unter vier Stunden komme ich da nicht mehr raus. Ob ich mir die Haare färben lasse oder nicht, macht keinen Unterschied. Vier Stunden. Kunden, die es schneller schaffen, heißen Männer. Ich habe nichts dagegen, jemandem beim Arbeiten zuzusehen. Meine Mutter kann das bestätigen. Aber so viel Zeit für Wellness musst du erst mal haben. Die fehlt dir ja woanders. Um diese Zeit wieder aufzuholen, hat man schon wieder Stress … Und jetzt zahle ich 100 Euro. Nur fürs Schneiden. Demnächst wird diese Wellness aber noch welliger. Dann bekomme ich einen eigenen personal Haarberater. Den Eduardo von Hair & Mehr. Der kennt jedes meiner Haare persönlich und mit Namen. Er wird mir ein aufs Haar genau abgestimmtes Programm empfehlen. Denn, logisch, die Spitzen kannst du nicht genauso pflegen wie den Ansatz. Vorne ist anders als hinten, eh klar, und nicht nur ich hab Stress, mein Haar erst recht. Die Umwelt, das Wetter und der ganze Wahnsinn an der Börse und mit den arabischen Ländern. »Glauben Sie bloß nicht, Ihr Haar bekäme so was nicht mit! Haare sind wie Kinder, die haben auch ein feines Sensorium für schlechte Stimmung.« Mein Haar braucht eigenes Wellness. Ich kann es beim Friseur lassen, während ich in der Zeit zum Zahnarzt gehe. Da ging man früher ja auch eher ungern hin. Früher war Zahnarzt so wie Kirche. Wenn man ein Mal im Jahr da war, war man fein raus. Heute unvorstellbar. Einmal im Monat ist Pflicht. Da gönn ich mir das. Der Zahnarzt macht ja hauptsächlich Zahnreinigung, Aufhellen, Bleachen und so weiter. Und Sektchen gibt's auch. Wellness fürs Gebiss.

Dann spring ich noch schnell bei der Shanti rein, zum Chakren reinigen. Eigentlich kriegst du bei der Shanti so schnell gar keinen Termin, und so viel Zeit hab ich auch nicht. Ich mach da jetzt eher Meditation to go, das ist besser als nichts. Bei der Shanti gibt's kein Sektchen, klar, aber so vegane Häppchen gibt's. Lecker. Um kurz vor acht sind die Chakren wieder halbwegs wie neu, das passt gut, denn dann kann ich auch meine Haare beim Friseur wieder abholen, und wir gehen alle zusammen ins Kino. Das ist so ein Lounge-Kino, das heißt, es gibt Häppchen und Sektchen zur Begrüßung. Ich kann wählen zwischen Liegesitzen mit separaten Fußbänkchen und Massagesesseln. Ja, ja, dieselben wie beim Friseur. Aber gibt es too much wellness? Ich denke nicht. Ich wähle das Wellnesspaket II, also Liegesitz, Popcorn und Pediküre. Das ist ganz toll und spart Zeit. Vor allem, wenn der Film Überlänge hat. Meine Füße haben nämlich auch Überlänge. Im Prinzip können wir nach dem Kino noch was trinken, aber ich hatte ja schon Sektchen beim

Friseur, beim Zahnarzt und im Kino. Und ich muss noch fahren. Vom Wellnessfaktor her gesehen können wir auch heim. Da hab ich im Schlafzimmer eine ganz tolle neue Matratze. Die ist aus einem Spezialschaum, deswegen merkt sie sich, wie ich schlafe. Die merkt sich auch den PIN von meiner EC-Karte. Das ist Wellness pur. Ich muss nur noch kurz die Katze füttern. Wachtelzungen mit Thunfischaroma. Die Katze soll auch ein bisschen Wellness haben. Der Mann und ich nehmen noch ein Sektchen und denken kurz über Sex nach. Aber das verstellt die Matratze, und außerdem muss ich morgen früh raus. Da geht der Stress nämlich wieder los …

15
PANISCH IN SÜDAFRIKA

Wer hat Angst vorm Schwarzen Mann? Beziehungsweise vorm Mann im Allgemeinen? Ich eigentlich nicht. Dann holte meine Mutter mich eines Tages aus dem Bett und setzte mich vor den Fernseher. Darin erzählte eine dunkle Stimme etwas über das kleine Mädchen auf der Mattscheibe, das in etwa in meinem Alter war. Es wurde von einem fremden Mann angesprochen, der ihm Süßigkeiten schenkte und anbot, es in seinem Auto nach Hause zu fahren. »Dort kam das Mädchen jedoch nie an. Die Tankstellenbesitzerin ist die Letzte, die die kleine Heike Groschek lebend gesehen hat«, sagte Eduard Zimmermann. Durch *Aktenzeichen xy* war klar, dass man Männern gegenüber skeptisch sein musste, vor allem, wenn sie einem anlasslos etwas schenkten. Ich bin dennoch auch morgens um fünf alleine nach Hause gelaufen, den ganzen Weg durch Wälder und Felder und keine Haustür weit und breit. Wir wohnten am Rande einer Kleinstadt, der letzte Bus fuhr um kurz nach halb zehn und nahm keine Rücksicht auf die klassische Dramaturgie einer Party. Aber irgendwo im Hinterkopf war immer das kleine Mädchen, das nie zu Hause ankam. Dann stand ich mit achtzehn nachts mit meinem Mofa an einer verlassenen Tankstelle, an der man nur mit Karte zahlen konnte. Drum herum war wirklich nichts. Einfach eine Tankstelle zwischen zwei Orten, beleuchtet, aber menschenleer. Dort am Zapfhahn merkte ich, dass ich wirklich gearscht wäre, käme jetzt der böse Mann. Dann hätte er entweder mich, das Mofa oder mein Benzin. Oder alles drei. Eine klassische Lose-lose-lose-Situation. Eine langsam aufsteigende Panik machte sich breit. Dieses Gefühl, wenn es im eigenen Brustbereich so zugeht wie morgens in der U-Bahn von Tokio und es zunehmend eng und enger wird.

Henning Mankell war schuld. *Mittsommermord.* Da werden glückliche Menschen umgebracht, vom Postboten, der die Briefe der Leute gelesen hat. Das war meine Lektüre in diesem Sommer. Seitdem drehte ich mich ständig auf dem Mofa um, um zu sehen, ob der Mörder schon hinter mir herrannte. Mein Mofa war nicht frisiert und fuhr bergauf satte sieben Stundenkilometer. Selbst ein Einbeiniger hätte mich einholen können, um mich mit irrem Lachen zu meucheln. Ich war das leichteste Mordopfer aller Zeiten. Ich saß nicht in der Falle, ich saß sogar auf der Falle. Dieses Gefühl blieb. Es gehörte mit zum Erwachsenwerden. Als Frau bist du immer, überall ein mögliches Opfer. Angst ist wie Musik von Eros Ramazzotti in einer durchschnittlichen Pizzeria, sie läuft immer leise im Hintergrund mit.

Dann flog ich nach Südafrika. Ich wollte ein bisschen Sommer im Winter. Südafrika ist mega, sagten die Männer, denen ich davon erzählte, da hast du keinen Jetlag, und es gibt super Steaks. Die Frauen, denen ich davon erzählte, sagten: Südafrika, soll ja schön sein, aber wahnsinnig gefährlich, denn nicht alle Schwarzen seien Nelson Mandela. Wir hatten ein schönes Ferienhaus gemietet, mitten in Kapstadt. Die Frau, die uns die Schlüssel gab, sagte, das Haus und die ganze Gegend seien im Grunde wahnsinnig sicher. Es sei praktisch noch nie was passiert. Der Hausbesitzer habe aber drei Töchter und eine Frau, deswegen habe er das Haus mit einem speziellen Alarmsystem gesichert. Wir bekamen eine Fernbedienung mit sechs bunten Knöpfen. Also prinzipiell, versicherte die Dame noch mal, könne einem hier praktisch nichts passieren. Wir sollten einfach tagsüber den roten Knopf drücken, dadurch aktiviere man den elektrischen Zaun, der rund ums Grundstück ging. Nachts, oder wenn wir das Haus verließen, solle man zu dem roten einfach noch den blauen Knopf drücken. Dadurch sichere man die Türen und Fenster. Der grüne sei für eine Zusatzabsicherung, nur für den ersten Stock, wo unser Schlafzimmer lag und die der abwesenden Mädchen. Dann gäbe es noch den schwarzen Knopf, der sei eine Art Panik-Button, also für den Fall, dass zum Beispiel jetzt trotz des roten, blauen und grünen Knopfes irgendwas passiere. Der sei direkt mit der Sicherheitsfirma verbunden. Die kämen dann umgehend, und die seien auch bewaffnet, aber es sei im Endeffekt, wirklich, ihres Wissens, noch nie nötig gewesen. Ach ja, und mit dem grauen Knopf könne man das Rolltor betätigen. Welches Rolltor? Na ja, das vor dem Schlafzimmerbereich. In der Tat konnte man vorm Schlafzimmer eine Art Garagentür herunterlassen, nur für den Fall, dass, sagen wir mal, irgendwer sich durch den Elektrozaun, die Fenstersicherungen und den Alarm nicht abschrecken ließ. Der würde sich dann aber an dem Rolltor die Zähne ausbeißen. Sei aber bislang, nach allem, was sie gehört habe, noch nicht wirklich vorgekommen, sagte die Frau. Aber die Mädchen und die Frau des Hauses fühlten sich so sicherer. Mein Begleiter nickte das alles stoisch ab. Klar. Blau, rot, Panik, Rolltor. Prima. Ich hingegen hörte Eduard Zimmermann als Dauerschleife im Kopf. »Die Frau mit der bunten Fernbedienung ist die Letzte, die die kleine Katrin Bauerfeind lebend gesehen hat.« Falls wir mal aus Versehen den Alarm auslösten, sagte die Frau zu guter Letzt, riefe die Securityfirma umgehend an und verlange ein Passwort, um sicherzugehen, dass auch wirklich alles in Ordnung sei. Ohne Passwort schickten die so-

70

fort eine bewaffnete Einheit, deswegen wäre es gut, das Passwort nicht zu vergessen. Es lautete »Cool Breeze«. Aber im Grunde, sagte die Frau, bräuchten wir das Passwort eigentlich nicht, wenn wir alles so machten, wie sie gesagt hatte. Mein Begleiter lächelte. »Cool Breeze«, easy.

Die erste Nacht in einem fremden Haus ist wie die erste Nacht mit einem neuen Mann. Es gibt andere Geräusche, ungewohnte Bewegungen, fremde Angewohnheiten. So auch hier. Wir hatten uns kaum hingelegt, als ich mir sicher war, dass der Mörder gerade unten den Kühlschrank aufgemacht hatte. Eindeutig. Hatten wir überhaupt den blauen Knopf gedrückt? Was passierte, wenn man den blauen Knopf zweimal drückte? War dann die Wirkung wieder aufgehoben? Musste man dann auch den roten zweimal drücken? Jetzt rumpelte es aus dem Wohnzimmer, und ich umklammerte die bunte Fernbedienung, bereit, beim kleinsten weiteren Zeichen für die Anwesenheit des Killers den Panikbutton zu drücken. Mein Begleiter dagegen schlief. Ich sag mal so: Er könnte sein Geld nicht als Bodydouble für Wladimir Klitschko verdienen und seine letzte Schlägerei fand vermutlich vor zwanzig Jahren auf einem Schulhof statt und ging um Ninja-Turtle-Sammelbildchen. Einem entschlossenen südafrikanischen Berufsmörder hätte er nichts entgegenzusetzen, aber er war ein Mann. Er schlief. Ich dagegen bin eine Frau und war so wach wie lang nicht. Du bist ein potenzielles Opfer, hatten mir Henning Mankell, Ede Zimmermann und alle anderen immer eingetrichtert. Irgendwo fuhr ein Blaulicht vorbei, irgendwo anders war also schon etwas passiert. Ich dachte über einen möglichen Fluchtweg nach. Ich könnte mich vom Balkon an der Dachrinne bis in den Garten retten und da dann auf das Eintreffen des Spezialtrupps warten ... der Mann drehte sich schlafend auf die Seite, und in einem der Mädchenzimmer rumorte es. Klar, der pfiffige Mörder hatte sich natürlich längst oben versteckt, um mich hinter dem geschlossenen Rolltor in aller Ruhe zu filetieren, während die bewaffnete Einheit draußen nicht reinkam. Ich versuchte, leise meine Begleitung zu wecken, was aussichtslos war, und öffnete dann die Balkontür. Dadurch ging pflichtgemäß die Alarmanlage los. Es klang wie ein Großangriff der Sirenen. So muss die Nationalhymne der Hölle klingen. Mein Begleiter stand senkrecht im Bett und machte mir Vorwürfe. Ich drückte alle bunten Knöpfe gleichzeitig und hörte, wie unten das Telefon ging. Das Rolltor knarzte sich mühsam hoch, das Klingeln bekam höhere Dringlichkeit, und ich stellte mir vor, wie sich irgendwo in Kapstadt ein paar Elitekämpfer bereitmachten. Ich rannte durch den sich langsam auftuenden Spalt des Rolltors ins Wohnzimmer zum Telefon, wo eine geduldige Stimme von mir wissen wollte, ob alles in Ordnung war. »Yes«, sagte ich und: »Sorry, I thought the murderer was in the house and opened the balkony«, und gleichzeitig dachte ich, dass der am anderen Ende jetzt denkt, was er denn da für eine bestusste, weiße Planschkuh erwischt hat. »Thank you«, sagte ich deswegen schnell und legte auf. Sekunden später rief er wieder an und verlangte das Passwort. Es ging mir wie einem aufgeregten Kandidaten bei Günther Jauch, der plötzlich für fünfzig Euro nicht mehr weiß, ob Fuchs und Hase sich A) gute Nacht sagen B) nach dem Weg fragen C) kein Auge aushacken oder D) spinnefeind sind. »What's the password, Ma'am?«, frug er stoisch zum dritten Mal. Ich sagte »Buhl Creeze« und war ausgesprochen stolz auf mich, dass ich darauf noch gekommen war. Entsprechend irritiert war ich, als die Stimme am anderen Ende noch mehrfach nachfragte.

Das war die erste Nacht. An den folgenden Tagen wurde nichts besser. Dreimal täglich lösten wir den Alarm aus, sagten »Cool Breeze« in den Hörer und nervten uns gegenseitig mit Schuldzuweisungen. Der Begleiter fand, ich sei hysterisch, ich fand, er sei unsensibel. Jeden Abend, wenn das Rolltor runterfuhr, hätte Stephen King seine helle Freude gehabt. In meiner Vorstellung würde gleich jemand die Treppe hochhechten und seine Hand durch den letzten Schlitz schieben. Der Begleiter demonstrierte, dass das Rolltor eh Stuss sei, weil man sich einfach auf einen Stuhl stellen und mit etwas sportlichem Ehrgeiz locker über die Empore klettern konnte. Der Originalsatz war: »Wenn jemand reinwill, kommt er eh rein.«

Ich habe die Nächte weitgehend mit offenen Augen im Bett gesessen. Passiert ist am Ende natürlich gar nichts. Aber ich denke, es wäre gut, wenn wir Mädchen nicht nur Angst beibrächten, sondern auch, wie man damit umgeht …

16
OMAS PANIK, MUTTERS HORROR – FRAUEN HABEN IMMER ANGST

Die kleine Panik wohnt auf dem Spielplatz. Dort hatte ich neulich Aufsicht über das Kind einer Freundin und saß also als Leihmutter mit anderen Müttern am Sandkasten und hörte ihnen zu. »Alina, nicht da runterspringen! Du tust dir weh!« – »Passt du bitte mit der Schüppe auf, Lea!« – »Nicht so rennen, Chiara, da sind überall Scherben!« – »Lea, die Schüppe!« – »Gleich fliegt einer von der Wippe, wenn ihr so doll wippt!« – »Lea, ich sag's nicht noch mal!« – »Vorsicht, Mäuschen, da sind andere Kinder!« – »Lea, gleich hat das Mädchen die Schüppe im Auge!« – »Bleibt bitte da, wo ich euch sehen kann!« – »Nicht so doll wippen! Das ist gefährlich!« – »So, Lea, jetzt weint das Mädchen!« Eine der anderen Mütter wandte sich an mich und riet, ich solle mal ein Auge auf *mein* Kind haben. Das stand oben auf dem Klettergerüst wie King Kong jr. und war bereit herunterzuspringen. »Ach, der Junge macht das schon«, sagte ich, »den haben wir adoptiert, der war Kindersoldat im Kongo und hat schon ganz andere Sachen überlebt.« Die Mutter holte schleunigst ihre Tochter aus dem Sandkasten und ging heim.

Nein, so war's nicht. Den letzten Teil hab ich mir ausgedacht, weil ich ihn gern gesagt hätte, wenn er mir da eingefallen wäre. Der erste Teil aber ist streng dokumentarisch. Mütter sind Panikmacher, Verbieter, Alarmveranstalter. Die meisten Verbote auf Spielplätzen kommen nicht von den städtisch aufgestellten Schildern, sondern von Müttern. Ich kenne diesen Soundtrack noch aus meiner Kindheit. Damals war der im Vergleich zu heute zwar noch sehr leise, aber Minimum eine halbe Stunde musste man nach dem Essen warten, bis man wieder ins Wasser durfte, sonst ging man unter wie Blei und war binnen Sekunden mausetot. Mit nassen Haaren raus führte zu Lungenentzündung und Tod. Ohne Strümpfe zum Spielen war gleichbedeutend mit Blasenentzündung und baldigem Ableben, nachts noch vor die Tür zu gehen war eine Einladung an alle Hobbymörder im Umkreis. Das Leben an sich war in den Augen meiner weiblichen Erziehungsberechtigten mordsgefährlich. Neben meiner Mutter waren das auch meine Omas. Sie alle meinten es gut, wollten mein Bestes und hatten nur mein Wohlergehen im Blick, so wie die Mütter auf dem Spielplatz. Aber aus heutiger Sicht, denke ich, führt diese Art der Fürsorge am Ende zu Angst. Die meisten Frauen, die ich kenne, haben Angst, trauen sich wenig zu und sind in der Tiefe ihrer Seele unsicher. Auch Lea, Chiara und Alina werden im Laufe des Tages deutlich mehr Ermahnungen als Ermunterungen gehört haben. Das meiste, was sie am Nachmittag rund um den Spielplatz geplant hatten, schien jedenfalls mordsmäßig gefährlich zu sein. Meine Oma hat sich anscheinend mit ihrem pädagogischen Konzept durchgesetzt.

Omas Sätze wirkten auf mich damals so wie die Werbeslogans aus dem Fernsehen. Am Ende wusste man einfach, dass die schönsten Pausen lila sind. Man hatte es schlicht zu oft gehört, um es nicht zu wissen. Und auch, wenn man, wie ich, als Kind eher zu den Unbekümmerten gehörte, fragte man sich eben doch irgendwann, ob nachts da draußen nicht wirklich das Böse lauerte, ob ein weggelassenes Unterhemd nicht womöglich tatsächlich der Beginn von Krankheit, Elend und Tod war, und befürchtete eines Tages, einen lustigen Abend werde man am nächsten Tag auf jeden Fall bereuen, wegen Kater, Kopfschmerz und den liegengebliebenen Pflichten.

»Boah, Oma, mach dich mal locker«, sagte ich in der Pubertät oft, sie aber blieb so locker wie ein Kilo Eisen. Im Winter musste man jederzeit mit Glatteis rechnen, im Sommer konnte es abends trotzdem schnell kühl werden, wer ein Fenster offen ließ, konnte den Einbrechern im Grunde gleich die Wertgegenstände vors Haus stellen. Das Leben war wie das Kleingedruckte in Versicherungsverträgen. Von beidem war nichts Gutes zu erwarten, überall lauerte das Unheil. Meine Oma war in ständiger Alarmbereitschaft, und nichts konnte sie umstimmen. Ich hab es weiß Gott versucht: Oma, wenn alle dauernd ertrinken würden, hätte sich Schwimmen als Freizeitspaß doch bestimmt nicht durchgesetzt; wenn nachts alle immer umgebracht würden, stünde es doch in der Zeitung; wären die Straßen wirklich so unsicher, gäbe es doch deutlich weniger Autos. Aber meine Oma ließ sich nicht überzeugen. My home is my castle, war ihr Motto, und die Zugbrücken waren permanent hochgezogen.

Ein älterer Mann klingelte vor Jahren an der Haustür meiner Oma. Sie ging an die Sprechanlage und fragte, wer da sei. Der Mann erzählte, er habe meinen Opa gekannt und von ihm geträumt. Früher hätten sie sich manchmal im Hallenbad getroffen. Mein Opa jedenfalls habe ihm im Traum aufgetragen, meiner Oma Blumen vorbeizubringen, sagte der ältere Herr, deswegen sei er jetzt da. Tatsächlich stand er mit einem Strauß weißer Rosen vor der Tür. Mein Opa war seit vielen Jahren tot, war aber früher tatsächlich regelmäßig schwimmen gegangen. Die Chancen, dass der Mann die Wahrheit sagte, waren also deutlich größer als die, dass sich ein Trickbetrüger eine clevere

Masche hatte einfallen lassen. Meine Oma aber sagte: »Ich kenne Sie nicht, gehen Sie bitte wieder!«

Die Grundbefürchtung, dass jederzeit immer etwas passieren kann, ist irgendwann auch mein Begleiter im Leben geworden. Freiheit, Leichtigkeit und Unbeschwertheit wurden in kleinen Schritten durch nagende Zweifel zerfressen. Der stete Sorgentropfen höhlte den Stein, und es kam der Tag, an dem man merkte: Jetzt hat sie einen, die Oma-Angst! Sie wird von einer Generation zur nächsten weitergegeben, wie eine mentale Aussteuer, und sie bleibt in vielen Fällen Frauensache. Vermutlich sind viele meiner zahlreichen Macken darauf zurückzuführen. Ich muss immer, immer, immer noch mal kontrollieren, ob ich das Auto auch wirklich abgeschlossen habe. Ich gucke jedes Mal doppelt und dreifach, ob ich den Reisepass auch tatsächlich eingesteckt habe. Ja, ich habe das vorhin schon kontrolliert, aber seitdem saßen wir doch im Auto, wo der Fahrtwind mir das Ding doch gut und gerne aus der Tasche geweht haben könnte. Und apropos Auto, hab ich das eigentlich abgeschlossen? Was ist mit der Uhr am Handy, geht die richtig? Die hat sich neulich doch von selbst verstellt. Was heißt, das war die Umstellung auf Sommerzeit? Als könnte man darauf vertrauen, dass die Applefuzzis in Kalifornien wissen, wie oft bei uns in Deutschland Sommerzeit ist. Am Ende steh ich gleich am Schalter, und der Flieger ist seit einer Stunde weg. Wenn ich dann noch nicht mal den Reisepass habe, und das Auto ist offen, dann ham wa den Salat …

Alle Frauen in unserer Familie haben sich Ängste angewöhnt. Sorgen zu haben gehört zum Tagesablauf wie Zähne putzen. Alles, was man anfängt, kann schiefgehen. Auch Schönes wie eben Urlaub. Der Koffer, den man grad gepackt hat, kann aufplatzen, die Bahn Verspätung haben, das Hotel kann blöd sein, das Essen schlimm oder so, dass man es nicht verträgt. Und was ist, wenn man im Ausland krank wird? Wenn es trotzdem schön wird, hat man Glück gehabt. Beim nächsten Mal kann's schon wieder ganz anders aussehen!

Liebe Spielplatz-Mütter, vielleicht lasst ihr Lea ruhig mal gefährlich mit der Schüppe spielen, Alina ungefedert vom Klettergerüst springen und Chiara schneller laufen, als sie kann. Sie werden vielleicht hinfallen, bestimmt sogar, und heulen werden sie auch, aber beim nächsten Mal werden sie's bestimmt von selber anders machen. Ich weiß, ich hab gut reden, ich hab keine Kinder, und wenn ich mal welche habe, bin ich vermutlich die Erste, die dem Nachwuchs auch zum Essen einen Helm aufsetzt, aber trotzdem, probiert's mal! Später, viel später, werden euch eure Töchter dankbar sein, dass sie so mutig geworden sind.

17
GEBÄRDIENSTVERWEIGERUNG

Eigentlich war klar, dass die Vorladung kommen würde. Früher oder später stand das an. Ich ging auf Mitte dreißig zu, hatte bislang kein einziges Kind und sogar mehrfach öffentlich gesagt, dass ich auch erst mal keins wolle. In meinem Freundeskreis bekamen dagegen nach und nach alle Kinder. Automatisch hörte ich dauernd »Was ist denn mit dir?« und »Das musst du unbedingt auch machen!«. Insofern war klar, dass die Kommission sich früher oder später melden würde. Jetzt war es so weit. Am Mittwoch um Viertel nach elf sollte ich mich beim Amt einfinden, stand da. Ich war ein bisschen aufgeregt. Schmink ich mich? Was zieh ich an? Rock, Hose, Overall? Sollte ich mich vorbereiten? Komm, beruhig dich, dachte ich, Mutter Teresa hatte auch keine Kinder, hieß aber trotzdem Mutter und war sogar heiliggesprochen worden. Was sollte also schiefgehen? Ich würde schon durchkommen.

Das Amt sah von außen aus wie Angela Merkel. Klein, kompakt, pragmatisch, ohne Wert auf Schmückendes zu legen. Das beruhigte mich. Auch die Kanzlerin ist ja kinderlos. Ich bekam eine Nummer und sprach mit einer anderen Frau im Wartezimmer. Die hatte Kinder, sogar drei, war aber auch gar nicht vorgeladen, sondern nur zum Putzen dort. Dann wurde es ernst.

Ich musste rein zur Kommission. Es war ein bisschen wie bei *Deutschland sucht den Superstar*, nur ohne Musik. Hinter einem langen Tisch saßen zwei Frauen und zwei Männer, aber anders als bei RTL konnten hier alle Deutsch und hatten wenig Text auf den Textilien. Ich musste stehen, und die Kommission sah mich streng an. Ich gab ihnen meine Akte. Sie blätterten. »Ich lese hier, Sie könnten also rein medizinisch Kinder bekommen, wollen aber nicht?« Der Ton war abwartend, lauernd, das akustische Pendant zu einem Krokodil in den Sümpfen. Ich spürte sofort Rechtfertigungsbedarf. »Also, ich hab nichts gegen Kinder, überhaupt nicht, aber im Augenblick …« Ich brach ab. Gottogott, das war ja eine klassische Thilo-Sarrazin-Eröffnung! Die Mienen der Jury wurden noch eine Spur ernster. Schnell was anderes sagen, dachte ich, denn ich hab ja wirklich nichts gegen Kinder. Ich will halt aktuell nur keine. Es galt, die Situation ein bisschen aufzulockern. »Das klang blöder, als es gemeint war, ich hoffe, das Kind ist jetzt nicht schon in den Brunnen … äh …« Mist, es lief wirklich nicht gut für mich. Zusammenreißen, ich muss mich zusammenreißen, dachte ich. Ich erzählte, wie ich schon als Mädchen nicht unbedingt Babys halten wollte, während meine beste Freundin damals ganz versessen darauf war. Wann immer es in der Verwandtschaft ein Baby gab, stand sie schon parat. Eine Karriere als Hebamme war quasi vorgezeichnet. Jetzt ist sie Architektin. Arbeitslos und alleinerziehend. Aber immerhin hat sie ein Kind. Ich fand Babys damals einfach relativ unspektakulär. Sie schliefen viel, konnten nicht reden und machten keine Tricks. Anderes Spielzeug war da spannender. So war es, was soll ich machen? »Was Sie als Kind interessant fanden, steht hier nicht zur Debatte«, sagte die Frau, die direkt neben dem Vorsitzenden saß. Mit Sentimentalität würde man bei ihr genauso weit kommen wie mit einem Tretroller in der Kalahari. »Wie stellen Sie sich unsere Gesellschaft in Zukunft vor, wenn alle so dächten wie Sie? Dann haben wir nämlich bald gar keine Gesellschaft mehr«, sagte der ältere Mann neben ihr routiniert. »Ich glaube, bei aktuell sieben Milliarden Menschen auf der Welt besteht keine Gefahr, dass …« Der Mann unterbrach mich sofort: »Aber Deutschland altert …« Wenn es danach ging, war er auf jeden Fall repräsentativ. Ich sagte: »Deswegen müssen wir ja beim Thema Einwanderung aktiver sein, damit wir …« Alle aus der Jury wollten nicht politisch werden und würgten mich ab. »Außerdem, wer kriegt denn seine Kinder aus demographischen Gründen?«, fragte ich. Darum ginge es nicht, hieß es. »Außerdem«, sagte der Kommissionsleiter, »wir stellen hier die Fragen.« Um das noch mal unter Beweis zu stellen, bohrte die ältere Frau nach, ob ich mir prinzipiell die Erziehung von Kindern zutrauen würde. »Ich bin nicht sicher«, antwortete ich wahrheitsgemäß, »ich bin aber auch nicht sicher, ob ich etlichen tatsächlichen Eltern die Erziehung von Kindern zutraue.« Ich erwähnte ein kleines Erlebnis aus dem Bio-Supermarkt, wo eine Mutter ihren dreijährigen Sohn an der Kasse frug:

»Jarne, sag mal, hast du Durst?«

»Jaaa …«

»Magst du Saft?«

»Jaaa …«

»Oder Milch?«

»Jaaa …«

»Jarne, was denn jetzt? Lieber Saft oder lieber Milch?«

»Jaaa …«

Jarne war drei und konnte entsprechend wenig selbst entscheiden, aber er zeigte jetzt auf eine Packung Kinder-Bären-Beeren-Püree, einfach, weil es auf seiner Augenhöhe neben der Kasse stand. Mama verwies auf die Einkäufe:

»Jarne, guck mal, wir haben Apfelmus.«

Jarne guckte kurz, stellte fest, dass das angesprochene Zeug keine Ähnlichkeit mit Kinder-Bären-Beeren-Püree aufwies, und schüttelte den Kopf. Seine Erziehungsbeauftragte kam mit Argumenten: »Jarne, das ist eine Vernunftentscheidung. Guck mal, im Apfelmus ist viel mehr drin, es ist nicht in Plastik verpackt und viel nachhaltiger.« Jarne blieb weiterhin drei und deswegen für solche Argumente nicht zugänglich. Er wippte und wimmerte und wollte Kinder-Bären-Beeren-Püree.

»Jarne, das ist nicht vernünftig, das ist auch nicht nachhaltig«, Jarne weinte lauter, und selbst ich war genervt. Das erzählte ich der Kommission und auch, dass Mitbestimmung in meiner Kindheit noch kein Thema war. Ich war damals froh, wenn meine Eltern wussten, wie ich hieß. »Ich bin nie irgendwas gefragt worden. Meine Eltern haben gemacht, was sie wollten, und haben mich eben mitgenommen, egal ob's wandern war oder Tante Hilde besuchen. Aber so ein pädagogisches Konzept scheint heute nicht mehr durchsetzbar, deswegen bin ich mir nicht sicher, ob ich's hinkriegen würde mit der Erziehung.« Die Kommission schrieb was auf. Alle kritzelten in ihre Blöcke. Vermutlich hatte ich was falsch gemacht. Womöglich hatte ich das Thema nicht ernst genommen. Das war nicht gut. Kinder werden bei uns sehr ernst genommen. Ich wollte mich klarstellen. »Also, ich verstehe schon, dass die Welt sich weiterentwickelt hat und …« Lautes Kopfschütteln aufseiten der Kommission, die untereinander flüsterte. Ich hatte vermutlich keinen guten Eindruck gemacht. Wahrscheinlich wurde ich nicht anerkannt. »Sie haben also kein Interesse daran, an kommende Generationen weiterzugeben, was Sie gelernt haben?« Ich musste kurz nachdenken. Ich habe ja selbst in meinem Alter Mühe, einigermaßen hinterherzukommen. Es hat gedauert, bis ich mitbekommen habe, dass heute nur noch alte Leute bei Facebook sind, und sich auch Instagram wahrscheinlich nur noch höchstens ein Jahr lang hält. Die jungen Leute sind alle bei Snapchat. Aber wenn Sie das hier lesen, hat sich das auch schon wieder erledigt. Wenn ich meine Unkenntnis da mal hochrechne auf mein mögliches Kind, was ja, selbst wenn ich jetzt zügig mit Zeugen anfange, frühestens nächstes Jahr auf die Welt käme, und wenn ich dann mal annehme, dass die Entwicklung weiter im aktuellen Tempo voranschreitet, dann ist es doch eher so, dass ich dem Kind höchstens noch die Basics beibringen kann, also, laufen, sprechen, Nase putzen, aber beim kompletten Rest wird es spätestens mit zwölf *mir* sagen, wo's langgeht, statt andersrum. »Was ist mit Kinderlachen? Vermissen Sie das nicht?«, fragte die ältere Frau grimmig. Ausnahmsweise war ich vorbereitet. »Bei einer Umfrage haben neulich 65 Prozent der befragten Eltern gesagt, dass Kinder nicht mehr Lebensfreude bringen[*], und das können ja nicht alles Väter gewesen sein.« Noch immer hatte ich die Idee nicht aufgegeben, etwas Humor in diese Veranstaltung zu bringen. Kopfschütteln in der Kommission. »Stellen Sie sich vor, durch eine Naturkatastrophe sind Sie die einzige überlebende Frau in Deutschland. Würden Sie auch dann keine Kinder bekommen wollen?« Es fiel mir schwer, mir das vorzustellen. »Welcher Mann hätte denn die Katastrophe überlebt?«, hakte ich nach, »ist ja ein Unterschied, ob es Mats Hummels ist oder Rainer Brüderle.« Alle schrieben schon wieder in die Unterlagen. »Angenommen, Sie wären pleite, könnten aber als Leihmutter 10 000 Euro verdienen, würden Sie dann …«, »Angenommen, Sie fallen auf einer Party angetrunken auf Ihren Traummann und werden schwanger, könnten Sie sich unter diesen Umständen vorstellen, dass …«, »Angenommen, in Deutschland könnten Sie problemlos auch mit Kindern Karriere machen, wäre es dann denkbar, dass …« Die Szenarien wurden immer absurder. Ich war heillos überfordert. Umso überraschter war ich, dass ich am Ende doch durchkam. Zumindest für die nächsten zwei Jahre. Dann

---

[*]   Studie des Bundesinstituts für Bevölkerungsforschung

muss ich mich noch mal melden, und alles geht von vorne los. Da es zunehmend normal wird, auch mit über vierzig noch Kinder zu bekommen, werde ich wohl noch ein paar Mal vor die Kommission müssen. Aber beim nächsten Mal bin ich besser vorbereitet. Vielleicht hab ich bis dahin sogar einen Mann, auf den ich alles schieben kann.

18
KAUFT MICH! –
BAUERFEINDS CELLULITE-WASSER

Stars sind heute wie Tankstellen. Die verkaufen einem seit längerem auch nicht nur ihr Kernprodukt, sondern im Grunde alles. Schnaps, Chips, Bücher, T-Shirts. Und sie haben durchgehend geöffnet. Auch die großen Stars verkaufen einem heute alles. Beyoncé oder Lady Gaga sind mittlerweile eher Warenhäuser, die nebenbei auch Musik machen. Jede hat eine eigene Modelinie, plus Tasche, Creme, Buch und Salatsoße. Und alle sind durchgehend online. Für die Fans.

Jesus hatte zu Lebzeiten zwölf Follower und überhaupt kein Merchandise. Nach heutigen Maßstäben wäre der kein Star. Dafür bräuchte er zumindest eine Kooperation mit Birkenstock, um Jesuslatschen in allen Farben anzubieten. Einer, der Wein aus Wasser machen kann, hätte heute schneller einen eigenen Riesling auf dem Markt, als man Günther Jauch sagen könnte, und allein seine Fastenzeit vor Ostern ließe sich natürlich grandios vermarkten. »Slim 'n' pray«, »Glaub dich schlank«, so was in der Art wäre sicher ein Hit. Aber dafür war er zweitausend Jahre zu früh. In Sachen Vermarktung sind Frauen heute die Vorreiter. Gabriela Sabatini hatte eine eigene Duftmarke, lange bevor David Beckham seine Unterhosen auf den Markt brachte. Madonna war schon Unternehmerin, als für Michael Jackson noch andere das Geld scheffelten.

Es gilt: Wer als Frau ein Star werden will, muss eine eigene Marke werden. Wer nicht mal ein eigenes Parfüm hat, hat es nicht geschafft. Wobei wir, als Fans und Konsumentinnen, offenbar hauptsächlich auf den Glamour-Faktor achten. Bislang gibt es ja zum Beispiel keine Angela-Merkel-Modelinie, obwohl sie von der Figur her viel näher an der deutschen Durchschnittsfrau liegt als Beyoncé. Es gibt kein Parfüm von Christine Lagarde, obwohl sie einen Namen hat, der durchaus duftig klingt. Aber offenbar wollen wir Frauen lieber nach jemandem riechen, der sich in ein Kotelett einnähen lässt, als nach jemandem, der das Geld der Welt verwaltet. Alle weiblichen Superstars verhökern ausschließlich Tand und Firlefanz. J Lo bringt unter ihrem Namen keine Solaranlagen heraus, Madonna gibt ihren Namen nicht für Bio-Fleisch, und ich glaube, es gibt auch keinen Rihanna-Anlagefonds für Frauen. Es gibt von diesen Frauen für ihre Fans immer nur das, was es immer für Frauen gibt: Zeug fürs Gesicht, Schmuck und was zum Anziehen. Es ist mir rätselhaft, warum Frauen, die es geschafft haben und maximal selbständig sind, Frauen wieder nur aufs Äußere reduzieren.

Das könnte ich auch. Dass es bislang nicht geklappt hat, liegt am Namen, rede ich mir ein. »Bauerfeind«, klingt ja eher wie ein Parfüm, das nach Landluft riecht. »Schwabenglück« by Katrin Bauerfeind? Auch eher so lala. »DrySat«, in Anlehnung an meinen Arbeitgeber 3sat? Fetzt nicht so wirklich, und »Egoiste« ist als Parfüm leider schon vergeben. Mein Parfüm, so viel weiß ich, röche wie das, was ich gerne rieche: Gebratener Speck, verbrannter Gummi und mein Schlafanzug nach drei Tagen reinmuckeln. Ich könnte aber auch gut irgendwas für Haare rausbringen. Ich hab so viele Haare, ich könnte gleich mehrere Produkte anbieten. Die Pflegeserie

Katrins Haaribo, zu 100 % organic, natural und bio. So dachte ich. Als Gag. Dann blieb ich neulich bei einem der zahlreichen Homeshopping-Kanäle hängen. Ich war erstaunt, dass die immer noch existieren. So wie man manchmal überrascht feststellt, dass es immer noch Ebay gibt. Mein erster Eindruck war: Diese Sender waren definitiv zu lange unbeaufsichtigt. Seitdem sich noch nicht einmal mehr jemand die Mühe macht, sie zu parodieren, ist da eine gruselige Parallelwelt entstanden. Irgendwelche Kreisliga-Beyoncés preisen da Sachen von Frauen für Frauen an. Als ich einschaltete, stand in einem sehr hellen Studio eine abgekaute Dauerwelle und stotterte lebhaft in die Kamera, das hier sei wirklich das beste Magnesium, das sie kenne. »Sie kommen jetzt wieder durch, meine Damen. Die Leitungen waren eng, aber jetzt ... kommen ... Sie ... wieder durch!« Die Dauerwelle sagte es mehrfach, um dann die Vorzüge ihres Produkts anzupreisen: »Wenn Sie Magnesium-Tabletten im Drogeriemarkt kaufen, da zahlen Sie doch für so ein Röhrchen Brausetabletten sieben, acht Euro. Und wie viele sind da drin? Zehn vielleicht, und wenn Sie das umrechnen, meine Damen, dann ist das hier wirklich das beste Angebot, das ich kenne. Denn hier haben Sie 165 Kapseln für 29,90 Euro.«

Die Dauerwelle wirkte, als hätte sie sich schon ein rundes Dutzend Brausetabletten durch die Nase gezogen. »Die Leitungen sind wieder frei!«, rief sie noch mal, so als seien die Leitungen jahrelang in Gefangenschaft gewesen. Halleluja! Am unteren Bildrand ratterte eine Zahl, die sich sekündlich um eins erhöhte. 268, 269, 270 ... So viele Produkte waren offenbar verkauft worden. Gegen Geld. Irgendwer, dachte ich fassungslos, irgendwer ruft da offenbar wirklich an und bestellt allen Ernstes Magnesium. Das schwer missratene Inka-Bause-Double wandte sich nun an die Frauen zu Hause und erklärte, dass der weibliche Körper Magnesium weghaut wie nichts Gutes. Deswegen müsse man sinnvollerweise täglich von dem Zeug nachlegen. Das wurde alles streng unwissenschaftlich belegt, und zwar von Graphiken, die vermutlich der neunjährige Enkel der Dauerwelle gemalt hat. Aus denen ging hervor, dass der weibliche Körper seinen körpereigenen Magnesiumspeicher schon ratzekahl leergeputzt hat, sobald er das Bett verlässt. Wer dann keine Brausetabletten hat, ist die Dumme und wenig später tot oder zumindest sehr, sehr müde. Unten ratterte die Zahl der verkauften Produkte weiter. Gut, dachte ich. Frauensolidarität hin oder her. Aber wer so verarscht werden will, wie die Kundinnen vom Homeshopping, der hat es nicht besser verdient. Deswegen präsentiere ich Ihnen jetzt: »Bauerfeinds Cellulite-Wasser«!

Ja, Sie kennen das, meine Damen, ab einem gewissen Alter sehen die Oberschenkel aus wie die Oberfläche von Golfbällen. Unser charmantes Modell Heidi demonstriert Ihnen das hier mal. Heidi, bitte! Au ja, schön ist anders. Und das Schlimme ist, eine Delle im Oberschenkel ist wie eine Delle im Auto. Verbeult bleibt verbeult. Bisher! Aber, dank meines Cellulite-Wassers können Sie jetzt aktiv etwas dagegen tun: trinken. »Bauerfeinds Cellulite-Wasser« besteht aus den wertvollen Bausteinen Wasserstoff und Sauerstoff und, da können Sie jeden Experten fragen, das ist das Beste, was Sie haben können, wenn's um Wasser geht. Ich zeige Ihnen das hier mal anhand einer Graphik. Ihr Körper, meine Damen, besteht nämlich zu weiten Teilen aus genau diesen Komponenten, und wenn die fehlen, dann bilden sich diese unschönen Dellen. Dank »Bauerfeinds Cellulite-Wasser« geben Sie dem Körper diese wichtigen Stoffe einfach zurück. Und zwar an genau den Stellen, an denen sie fehlen. Hier, Heidi trink mal! … Ah, sehen Sie, wie Heidis Beine schon glatter werden? Nein? Aber so ist es, glauben Sie mir. Rufen Sie jetzt an, die Leitungen sind gerade wieder frei. Und heute kann ich Ihnen ein besonderes Angebot machen: Wer ein Zehnerpack »Bauerfeinds Cellulite-Wasser« bestellt, bekommt zusätzlich noch »Katrins Anti-Aging-Pralinen«. Naschen gegen das Alter. Wer will das nicht? Und mit diesen feinen Marzipankartoffeln ist das erstmals möglich. Nur ein Kilo von meinen Kartoffeln verhindert das vorzeitige Altern der Zellen. Wir haben das in Tierversuchen getestet. Schauen Sie, dieses niedliche Kätzchen sieht doch keinen Tag älter aus als zwei, aber es ist schon vier. Wenn Sie das mal auf sich selbst hochrechnen, da kann ich nur sagen: Rufen Sie jetzt an!

19
PICKEL UND ANDERE KOSMETISCHE VERSCHWÖRUNGEN

Wäre mein Gesicht eine Wohnung, hätte ich längst Mietminderung beantragt. Vielleicht wäre ich sogar schon ausgezogen. Immer ist irgendwas. Zu feucht, zu trocken, und ständig muss renoviert werden. Was hab ich da schon Geld reingesteckt, und trotzdem ist alles dauernd baufällig. Gegen den Pfusch an diesem Bau ist der Berliner Flughafen ein reibungsloses Projekt. Ich altere schneller als die Kanzlerin. Spuren der Macht, nur ohne die Macht. Aber der Reihe nach: Ich hatte zuerst Babyhaut, später Kinderhaut, dann Pubertätshaut mit den üblichen Pickelchen. Damit ist, um im Bild zu bleiben, der Rohbau fertig, man kann einziehen und sich wohlfühlen. Dachte ich. Ich war zwanzig, fröhlich und wollte gerade anfangen, erwachsen zu werden, als ich plötzlich Pickel bekam.

Wir reden nicht von kleineren Unreinheiten, für die man das Gesicht absuchen muss wie eine Fußgängerzone nach Kultur. Wir reden über richtige Pickel, die man auch mit dem Hubble-Teleskop aus dem Weltraum sehen konnte. Ich sah mit zwanzig plötzlich aus wie ein Vorher-Model von Clearasil. Mein Hautarzt, der mich kennt, seit ich ein kleines Mädchen bin, verschrieb mir Akne-Tabletten für eine Woche und meinte: »Katrin, wahrscheinlich hast du irgendwo die Luft nicht vertragen, das kommt schon mal vor.« Nach zwei Tagen war ich tatsächlich pickelfrei. Nach zwei Wochen sah ich wieder aus wie vorher: Ich hatte mehr rote Punkte als eine Pizza Vier Jahreszeiten. Also wieder Tabletten. Sagen Sie jetzt nicht: »Ja, toll … Du hattest vor Jahren mal Pickel … erzähl das doch 'ner Parkuhr!« Der große Kontext, die weltumspannende Verschwörungstheorie und -praxis kommt noch, denn: Zeitgleich hatten drei von fünf Freundinnen dasselbe Problem! Alle hatten gesichtstechnisch die Pubertät gut überstanden und bekamen jetzt plötzlich Pickel.

Allerhand Tipps wurden ausgetauscht. Man müsse zur Kosmetikerin, man müsse sich Pads mit Kamillentee auf die Backen legen, diese Creme und jene Salbe benutzen, um die Haut erst mal zu entspannen, denn, so hieß es, die Haut habe Stress. Wovon sie so gestresst war, wusste ich nicht. Dann fiel mir auf, dass die Kosmetikindustrie in dieser Zeit vermehrt Produkte für Erwachsenenakne auf den Markt brachte. Mit viel Feuchtigkeit, aber gleichzeitig austrocknend wegen Pickel. Eine ähnlich absurde Kombination wie Diät-Buttercreme. So ziemlich alle Firmen entwarfen neue Produktreihen für die Pickel-Girls 20 bis 25+. Ich kann behaupten, dass ich so ziemlich alle gekauft und ausprobiert habe. Das überraschende Ergebnis: Ich war Geld losgeworden, die Pickel aber nicht. Im Gegenteil. Sie waren wie lästige Verwandte und kamen immer wieder. Langsam hörte ich da die Nachtigall mit dicken Stiefeln um die Ecke trapsen. Vielleicht, dachte ich, schaffen diese Cremes erst ihren eigenen Bedarf! Ich könnte mir vielleicht genauso gut eine dicke Schicht Nutella aufs Gesicht schmieren. Ich erinnerte mich zudem an ein anderes Körperthema: Während eines frühen Panikanfalls, lange vor den Pickeln, wünschte ich mir ein Cellulite-Öl. Je früher, desto besser, war meine These. So wie sich die Sechzehnjährigen heute zum Geburtstag eine Botox-Party wünschen, dachte ich damals: Wenn die Dellen erst mal da sind, ist es schon zu spät. Vorsorgen ist besser als Nachsorgen. Das Ergebnis war auch hier, dass das Cellulite-Öl gegen Orangenhaut so viel half wie zwei Knoblauchzehen gegen Mundgeruch. Mindestens sechs Wochen sollte man das Öl verwenden, um erste Verbesserungen zu sehen, stand auf dem Beipackzettel. Das Einzige, was ich nach drei Wochen sehen konnte, waren erste Hubbel am Hintern, die ich vorher gar nicht hatte. Ich setzte das Öl sofort ab und beschloss, dass mir der natürliche Alterungsprozess am Hintern zukünftig am Arsch vorbeigehen sollte. Ich stelle aber fest: Seit der Markt von einem aberwitzigen Angebot an Produkten gegen Cellulite überschwemmt wird, scheint die Cellulite immer früher zuzuschlagen. Schon Anfang Zwanzigjährige haben mittlerweile Oberschenkeloberflächen wie eine Mondlandschaft. Meine Oma und meine Mutter sind sich einig: Früher hat es so etwas nicht gegeben!

Beziehungsweise früher war es allen wurscht, deswegen wurde nichts dagegen unternommen. Peter Paul Rubens hat den Frauen auch noch ordentliche Dellen in die Oberschenkel gemalt, am Ende des sechzehnten Jahrhunderts. Der hat nix gefotoshoppt, obwohl er das Zeug dazu gehabt hätte. Offenbar war es den Models damals schnurz. Zeitzeugen berichten, dass Cellulite bis in die Siebzigerjahre kein Thema in Frauenzeitschriften war. Aber da hielten ja auch Fernseher noch zwanzig Jahre, ein Kühlschrank war eine Anschaffung fürs Leben, und selbst eine Glühbirne war weniger schnell ausgebrannt als eine heutige Karrierefrau. Die pfiffigen Kapitalisten merkten dann aber, dass das System nur so lange gut funktioniert, wie die meisten Leute zum Beispiel noch keinen Fernseher haben. Ist der Fernseh-Bedarf aber mal gedeckt, wird's schwierig. Es sei denn, man erfindet den Farbfernseher, den Flachbildschirm, das HD-ready-Gerät, das Ultra HD Smart TV, was auch noch 3D kann. Und so weiter und so weiter. Wenn alle auch das haben, bleibt nur noch, dafür zu sorgen, dass die Geräte eine Lebensdauer haben, die knapp oberhalb der einer Schnittblume liegt.

Die Kosmetikindustrie ist ja – wie der Name schon sagt – auch nur eine Industrie. Sie lebt davon, uns was zu verkaufen. Wenn wir schon alles haben, wird's eben Zeit für den Smart TV unter den Kosmetika. Aktuell heißt der zum Beispiel: Hyperpigmentierung! Hyperpigmentierung ist quasi eine unglückliche Ansammlung von Gesichtspunkten. Ich hab's natürlich auch. Einmal rund um den Mund, weswegen ich im Sommerurlaub oft aussehe, als hätte ich mir mit Kajal einen lustigen Bart gemalt. Früher hatte ich, wie alle anderen in meiner Familie auch, einfach nur Sommersprossen. Damals war der höchste Sonnenschutzfaktor 4, und man nahm das, was es in Italien am Kiosk gab. Seit ich mich ohne Faktor 50 nicht mehr aus dem Haus traue, drei unterschiedliche Cremes für unterschiedliche Gesichtspartien nehme und mich ansonsten im Sommer unter einer breiten Krempe verstecke, bekomme ich diese Knubbelsprossen. Zum Beispiel links und rechts unterhalb des Auges und auf der Nase. Mein Gesicht sieht im Sommer aus wie die Landkarte aller griechischen Inseln. Wieder stellte ich fest, dass es nicht nur mir so ging, sondern auch drei von fünf Freundinnen. Eine empfahl mir eine ganz tolle Creme, die speziell dafür entwickelt worden sei. Ich habe also ebenfalls 70 Euro hingelegt und das Zeug gekauft. Auf dem Beipackzettel stand, man müsse die Creme auf jeden Fall sechs bis acht Wochen zweimal täglich anwenden, sonst sei gar nicht erst mit einem Ergebnis zu rechnen. Klugerweise hatten die das nicht außen auf die Packung geschrieben. Radikalere Mittel, die ich im Internet gefunden hatte, waren zwar schneller, schälten aber einmal komplett die Haut ab, was höllisch brannte, wie ich in Erfahrungsberichten nachlesen konnte. Daraufhin setze die Erneuerung der Haut ein, hieß es dort, und zwar ohne Pigmentierung, und das für nur wenige hundert Euro und innerhalb einer Woche. Das Ergebnis war aber nicht dauerhaft! Meine Lösung ist dagegen relativ kostengünstig und wird automatisch geliefert: der Winter. Da geht die Pigmentierung von selbst zurück, weil die Sonne weniger scheint.

Wer sich mal abends durchs Fernsehprogramm gezappt hat, stellt fest: Die allermeisten Menschen im Programm sehen in HD nicht besser aus. Im Gegenteil. *Schwiegertochter gesucht* wird auch auf einem Smart TV keinen Deut besser, und ein Qualifikationsspiel für die Euroleague zwischen Dynamo Niemandsland und Alemannia Irgendwo wird in 3D nicht spannender. Übertragen auf die Kosmetikindustrie heißt das: Wir sollten uns überlegen, was wir von all dem Zeug wirklich brauchen. Vielleicht investieren wir die Kosten für die Anti-Wrinkle-Feuchtigkeitscreme besser in drei Caipirinhas oder kaufen uns statt der Grüne-Tee-Maske für die Problemzonen des Gesichts ein Ticket nach Paris. Vielleicht machen wir einfach mal keine Hyaluron-Behandlung gegen Falten, sondern einen Spanischkurs.

20
MIIEP, FIIEP, PLING
ODER ZU VIEL DES GUTEN

Alles wird besser. Einer der Hauptscheidungsgründe vergangener Jahre war, dass Frauen keine Straßenkarte lesen können und Männer nicht in der Lage sind, aus Erfahrungen zu lernen. Jeder Urlaub meiner Kindheit fing so an: Wir wollten nach Italien, mein Vater fuhr und hatte im Handelshof für 9,99 Mark den Atlas *Alle Straßen der Welt* erworben. Das Ding wog fünfzehn Kilo, war maximal unhandlich und zeigte alle Straßen der Welt, und zwar gleichzeitig, bis auf die, auf der wir gerade unterwegs waren. Die hatten die Macher schlicht vergessen einzuzeichnen, jedenfalls konnte meine Mutter sie nicht finden. Mein Vater konnte nicht fassen, wie doof eine Frau alleine sein konnte, so eine Straße nicht zu finden, meine Mutter warf daraufhin *Alle Straßen der Welt* in den Fußraum und konnte nicht fassen, was für einen blasierten Vollidioten sie geheiratet hatte. So war es Jahr für Jahr und gehörte zum Urlaub wie der Geruch von Sonnencreme. Weder baldowerte mein Vater die Route vor Antritt der Reise aus, noch lernte meine Mutter Karten lesen. Beide brauchten einfach das erste Drittel des Urlaubs, um sich von der Anreise zu erholen, und das letzte Drittel, um sich mental auf die Rückreise vorzubereiten. Heute undenkbar. Das Navigationsgerät hat tatsächlich alle Straßen der Welt gespeichert, wiegt ein paar Gramm und bringt jeden verlässlich ans Ziel. Alles wird besser.

Aber es gibt auch zu viel des Guten. Wann hat es zum Beispiel angefangen, dass eine Stimme in der Bahn vor jeder Haltestelle sagt: »Der Bahnsteig befindet sich in Fahrtrichtung rechts«? Haben Menschen früher tatsächlich einfach irgendeine Tür im Zug geöffnet, sind blind ausgestiegen und anschließend vier Meter tief aufs Kiesbett gefallen? Selbst wenn, darf jemand, der nicht sieht, auf welcher Seite der Bahnsteig ist, Zug fahren? Kommt da nicht irgendwann Darwin ins Spiel? Warum werden wir jetzt auf den selbstverständlichsten Kram noch akustisch hingewiesen? Der Sicherheitsgurt im Auto ist ja unstrittig eine prima Erfindung, aber muss er sich wirklich durch permanentes Piepen bemerkbar machen, wenn man ihn nicht anlegt? Wie ein Streber im Matheunterricht, der durch dauerndes Schnipsen darauf aufmerksam machen muss, wie clever er ist? Mittlerweile piept, trötet, hupt und dengelt alles und jeder und will mir noch was sagen. Mein Wasserkocher plinkt, wenn er das Wasser gekocht hat, die Spülmaschine piept, wenn sie durch ist, und das nicht ein Mal, sondern so lange, bis ich sie ausstelle. Die Waschmaschine ebenfalls. Andere Tonlage, unterschiedliche Frequenz, aber sie piept. Ich hier, ich, ich hab gewaschen, hallo! Noch so ein Streber. Der Drucker fiept nach jeder ausgedruckten Seite, er zipt, um anzukündigen, dass in Bälde der Toner alle ist, und die Frequenz, auf der er piept, wenn der Toner wirklich leer ist, macht alle Fledermäuse in der Umgebung schlagartig taub. Mein Kühlschrank kreischt, wenn ich die Tür zu lange offen lasse, was nach Meinung der Kühlschrank-Programmierer nach ungefähr zehn Sekunden ist. Bestimmt super für die Umwelt und langfristig wichtig für den Eisbären, aber kurzfristig kann ich nicht mal einen kompletten Einkauf in das verdammte Ding räumen, ohne dass das Arschloch mich anpiept.

Sogenannte Freunde schenkten mir ein Piepei, das man ins Wasser legt, wenn man Eier kocht. Es spielt nach drei Minuten *Killing me softly*, nach fünf Minuten *Ich wollt', ich wär ein Huhn* und nach sieben Minuten was von Carl Orff. Drei Mal Sound, um ein Ei zu kochen! Selbst der Toaster plinkt, wenn er fertig ist. Wir wissen alle noch, wie sich die Toasts früher immer klammheimlich aus dem Gerät geschlichen haben, da nie einer wusste, wann die verdammten Dinger fertig waren. Eines Tages saßen die Designer der Toastabteilung zusammen und sagten: »Leute, wir sind am Arsch. Der Toaster ist im Prinzip fertig. Er macht Toast, er backt Brötchen auf, mehr kann er nicht können. Aber wenn wir unseren Job nicht verlieren wollen, brauchen wir trotzdem eine Veränderung am eigentlich perfekten Toaster. Hat jemand Vorschläge?« Die Runde kam mit dem Üblichen, womit die Designer bei Apple auch immer kommen, seit Steve Jobs tot ist: kleiner machen, größer machen, alles noch in Blau mit Glitzer und Anschluss ans Internet. Und dann sagte einer: »Wie wär's, wenn's plinkt, sobald es fertig ist? Also so ein richtig fetziges Miiiiiiiiiiiiiiiiieeep, kurz bevor die Toasts rausspringen?« Alle klatschten begeistert. Miep vorm Rausspringen! Gigantenidee! Sounddesigner aus Hollywood tüftelten mehrere Monate am richtigen Klang und bums! Fertig. Der Toaster macht miep. Ich schwöre, ich habe das Ding geschenkt bekommen. Ich wusste nicht, dass er das macht. Jetzt macht er es.

Wir wollen gleich los. Ein Kurztrip zum Wochenende, und ich lass noch schnell den Geschirrspüler laufen, möööp, ich drucke die Bestätigung fürs Hotel aus, prrrriiing, nebenbei miiieeept der Toaster. Eine App im Handy weist mit einem Signalton darauf hin, dass ich heute Sport machen müsste – paling! Der Drucker kündigt an, dass bald der Toner leer ist, jiiiiiiiiiiiiiiip jiiiiiiiiiiiiiiiiip.

Der Kühlschrank will auch noch was. Ich bin genervt, bevor wir losfahren. Das Auto glongt. Glong, glong, glong. Ist das deine Tür? Nein, deine? Nein. Der Kofferraum? Kann sein. Anhalten, aussteigen, alle Türen noch mal auf und wieder zu. Weiter geht's. Das Auto macht nka nka nka. Was will es jetzt? Öl, Benzin, was? Drei Kilometer später wissen wir: Die Inspektion steht bald an. Aha. Alle sind mit der Geduld am Anschlag. Das Navi sagt, auf unserer Route muss mit Behinderungen gerechnet werden. Wir haben die Diskussion, wer von uns die maximal schwachmatische Idee hatte, an einem Wochenende mit einem Brückentag einen Kurzurlaub antreten zu wollen. Der Mann findet, so bestusst kann nur eine Frau sein. Ich wundere mich lautstark darüber, mit was für einem blasierten Vollidioten ich in Urlaub fahren wollte. Das Navi plinkt und sagt: »Die Route wird neu berechnet.«

21
UNHEILBAR VERNÜNFTIG

I. TIM MÄLZER, DAS MESSER UND ICH

Jetzt ist es auch bei mir so weit. Keine Ahnung, wie oder wann es passiert ist, aber, verdammt, es lässt sich nicht länger leugnen: Ich hab jetzt Vernunft. Ähnlich wie bei der Vogelgrippe oder Helene Fischer weiß ich nicht, wo sie herkommt, was sie will und ob sie jemals wieder weggeht. Fest steht nur: Ich hab sie. Beziehungsweise hat sie mich. Die Vernunft. Vermutlich war sie in einem vertauschten Zalando-Karton, oder ich hab mich bei irgendwem angesteckt, keine Ahnung. Fest steht jedenfalls, ich bin kaum dreißig und plötzlich unheilbar vernünftig. Es ist schlimm. Wie konnte es nur so weit kommen?

Zuerst ist es mir gar nicht besonders aufgefallen. Kleine Symptome. Ich stehe an einer Theke, der attraktiv unrasierte Barkeeper kann schön unanständig seinen Shaker shaken und dabei interessante Sachen mit den Augen machen. Gucken, zum Beispiel. Gleichzeitig fragt er mich, ob ich noch was trinken will. Er würde mir da nämlich gern mal was zaubern, aus Gin, Zuckersirup, Gin, Basilikum und Gin. Es klingt wie das Versprechen auf einen prima Abend. Während ich noch nach einer geistreichen Antwort suche, kommt eine blöde Kuh und blökt was dazwischen: »Ich muss morgen früh raus. Ich nehm lieber noch ein stilles Wasser.« Es dauert einen Moment, bis ich merke, dass ich das selbst gesagt habe. Früh raus. Stilles Wasser. Glückwunsch. Genauso gut hätte ich sagen können: »Ich hab Herpes und Gürtelrose. Wenn dich das nicht stört, können wir gern zu mir gehen, aber beeil dich, ich werd schnell müde.« Der Barkeeper wirkt schlagartig uninteressiert.

Dann kam Tim Mälzer. Er lümmelte in meinem Fernseher herum und erzählte was über die Wichtigkeit von richtigen Messern in der Küche. Wiegemesser, Schälmesser, Filetiermesser. Hm, dachte ich. Ich hatte die letzten zehn Jahre mit einem Messer verbracht, das mittlerweile so abgestumpft war wie ein seniler Rentner im Seniorenheim. Man konnte nichts damit wirklich schneiden. Hätte ich mich damit jemals umbringen wollen, hätte ich hoffen müssen, mir an der rostigen Klinge eine Blutvergiftung zu holen. Vor meinen Pulsadern hätte das Messer jedenfalls weinend kapituliert. Selbst Petersilie ließ sich bestenfalls zerdrücken. Die Zucchini, die ich in Würfel schneiden wollte, sah am Ende so aus, als hätte ich versucht, ihr ein kreatives Muster zu verpassen. Zehn Jahre lang war das kein Problem. Petersilie und Zucchini waren ohnehin seltene Gäste in meiner Küche. Ich hatte in den letzten Jahren häufiger eine Erkältung als das Verlangen, zu kochen oder zu backen. Deswegen gab's bei mir nie entsprechendes Equipment, was mich aber trotzdem nicht von sporadischen Kochversuchen abhielt. Im Gegenteil. Das Improvisierte meiner Mahlzeiten zeigte doch, wie talentiert ich im Grunde war. Ich konnte aus Mehl, Wasser, Eiern und zwei alten Badelatschen eine Quiche zaubern, von der drei Leute prima satt wurden. Und falls nicht, gab es immer noch das Pizzataxi. Jetzt kam Tim Mälzer und wollte, dass ich meinen senilen Messer-Rentner endgültig zum alten Eisen warf. Und ich fand plötzlich, er hatte recht. Klar braucht man in einer Küche ein Wiegemesser, ein Schälmesser und ein Filetiermesser. Ja sicher. Ohne vernünftige Messer kann man die Küche im Grunde gleich untervermieten. Logisch. Man erobert ja auch den Nordpol nicht in alten Birkenstocks. Leuchtete mir ein wie eine Taschenlampe. Tim, altes Möbel, haste recht, dachte ich, vernünftige Messer müssen her. Ich ging los und kaufte – ganz unironisch – ein Messerset.* Mit Filetiermesser.

Vor zwei Jahren wusste ich noch nicht mal, was filetieren ist. Oder wer Tim Mälzer ist. Ich hätte Chutney für eine Stadt in Australien gehalten und Kardamom für die Frau von Kardadad, und beide für Figuren bei den Simpsons. Ich wär beim Zappen eher am *Wort zum Sonntag* hängengeblieben als bei einer Kochsendung. Ich war mir sicher: Leute, die ein Messerset haben, haben keinen Sex mehr. Solche Leute kaufen sich deswegen als Ausgleich eine riesige Pfeffermühle, so eine Art Holz-Erektion, damit noch irgendwas in ihrem Leben scharf gemacht werden kann. Für mich war klar, man kann entweder ein Filetiermesser haben oder Spaß. Jetzt hab ich selbst ein Filetiermesser und gehe abends früh nach Hause. Hm.

Vielleicht, dachte ich, gehe ich aus Trotz noch mal in diese Bar und lade den unrasierten Barkeeper auf ein Chutney zu mir ein. Aber nicht in den nächsten vier, fünf Wochen. Da passt es nicht. Ich muss noch die Steuern machen und die Fenster putzen, ich wollte das Dossier in der ZEIT lesen, und mit Sandra bin ich zur Rückenschule verabredet, außerdem müsste ich mich mal um eine Patientenverfügung kümmern und ein nackenfreundliches Kopfkissen kaufen. Immer noch auf dieser alten Studentenmatratze schlafen ist in meinem Alter wirklich nicht mehr sinnvoll, dachte ich. Spätestens da war klar: Scheiße, ich bin vernünftig.

---

*   Manche Sachen kaufe ich ironisch. Ich will zum Beispiel eine echte Louis-Vuitton-Handtasche haben. Es soll möglichst groß Louis Vuitton draufstehen. Natürlich nicht, weil ich das schön finde. Ich glaube, dass die bei LV ihre Sachen von krankhaft ehrgeizigen Koalas entwerfen lassen, die sich von Beutel- zu Taschentieren hocharbeiten wollen. Ich will trotzdem so ein Ding, damit die Leute darüber nachdenken, ob ich die Handtasche ernst meine, ob sie wirklich echt ist und ob man bei 3sat so viel verdient, dass es für Louis Vuitton reicht.

II. FRANK PLASBERG, DIE KIPPEN UND ICH

Ich hab's dann im Internet nachgelesen. Vernunft kommt bei Frauen mit dem Alter. Oder mit Kindern. Je nachdem. Klassische Nebenwirkungen sind zum Beispiel Pullis. Die, die man nachmittags schon mitnimmt, weil es abends ja kalt werden könnte. Noch eine schlimme Nebenwirkung ist, dass man nur noch Dinge kauft, die man auch wirklich braucht. Furchtbar. Jahrelang ging ich aus Liebeskummer, Frust oder Jux und Dollerei in die Stadt und kaufte Zeug. Ein Paillettenrock, von dem ich schon beim Anprobieren wusste, dass ich ihn in Wirklichkeit nie anziehen würde. Den ich aber trotzdem mitnahm, nur für den Fall, dass man mich mal als Discokugel unter die Decke hängen wollte und diese schöne Idee dann ja nicht daran scheitern sollte, dass ich kein passendes Outfit habe. Was, es gibt einen Concealer, der gleichzeitig die Haut pflegt und mich parallel so richtig turbo detoxed? Für lumpig-lausige 97 Euro? Ja, nix wie her damit! Auch wenn ich in meinem Badezimmer das Klo ausbauen muss, um die ganzen Tuben und Tiegel noch unterzubringen, da muss man Prioritäten setzen. Pinkeln kann ich auch in der Dusche, und wer weiß, wie lange es diesen Wunderconcealer noch gibt. Ich nehm lieber gleich fünf davon. Ich werde alle fünf zu Weihnachten meiner Mutter schenken, ich weiß es jetzt schon. Die gibt sie dann dem Roten Kreuz, die schicken sie nach Afrika und die machen daraus dann Chemiewaffen. Ich weiß es natürlich schon im Laden. Ich kaufe trotzdem alle und einen Eyeliner, den ich nicht brauche. Weil ich es kann. Eigentlich kaufe ich nur gern, besitze aber nicht gern Sachen. Am liebsten würde ich nur Sachen kaufen, sie nach Hause bringen, wo sie dann jemand anderes ein paar Tage später wieder abholt. So war es bis vor kurzem. Dann eben bekam ich, wie gesagt, Vernunft. Seitdem trage ich viel Pullis und wenig Make-up. Ich bin ganz vernünftig geworden. Ich merkte plötzlich, sterben ist, wie Schlager, nicht bloß eine blöde Beschäftigung für alte Leute, sondern was für alle. Sterben kann im Grunde jeder. Deswegen habe ich dann auch mit dem Rauchen aufgehört. Jap. Einfach so. Aufgehört. Seit vierzehn Monaten, dreiundzwanzig Tagen, neunzehn Stunden und elf Sekunden. Stand jetzt. Ich rauche nicht mehr. Das ist so, als würde die CSU einen sinnvollen Vorschlag machen, *Joop!* schöne Klamotten oder das ZDF eine gute Serie. Unvorstellbar. Aber es stimmt. Ich rauche nicht mehr.

Immer wenn die bekannte innere Stimme sagte: »Hey, Katrin, sind schon wieder zehn Minuten rum, lass mal eine anstecken«, kam plötzlich eine zweite, unbekannte Stimme dazu: »Katrin, du bist jetzt über dreißig. Glaubst du, deine Haut ist aus Frischzellen?! Glaubst du, die Falten da wollen in deinem Gesicht nur mal probeliegen und gehen dann zum Nächsten? Nee, mein Fräulein, die bleiben. Und glaubst du, deine Lunge ist aus Asbest? Du bist doch schon Sternzeichen Krebs, das sollte dir an Krebs eigentlich reichen! Rauchen ist ungesund. Guck, da steht's sogar auf der Packung! Geh mal eine Treppe hoch und hör dich dann atmen. Klingt wie der späte Johnny Cash in unmusikalisch.« Es war die Stimme der Vernunft. Sie klang wie Frank Plasberg. Hart, aber fair. Wenn die Raucherstimme widersprechen wollte, drückte der Frank in mir auf seinen Monitor und startete einen vorbereiteten Einspieler. »Schwedische Forscher haben jetzt herausgefunden, dass kettenrauchende Ratten 62 Prozent weniger Karriere machen als nichtrauchende, die zwischendurch auch mal zum Pilates gehen. Sie haben auch festgestellt: Rauchen auf diesem Level verbraucht täglich fast zwei Stunden der wachen Zeit. Frau Bauerfeind, wir haben da mal eine Frage: Ist es nicht langsam Zeit, aufzuhören?« Frank Plasberg ging nicht weg. Wenn du einmal Vernunft hast, wirst du sie praktisch nicht wieder los. Ich gab auf und hörte auf.

In den ersten Wochen nach dem Aufhören sah jede Zigarette aus, als hätte Gott selbst sie mit feinstem Tabak gefüllt, als sei jeder Filter der Mund von Ryan Gosling, der nur auf meinen Mund wartete. Ekelhaft. Ich wurde erst aggressiv, dann depressiv, dann dick, was mich wieder aggressiv machte. Alles Zustände, gegen die ich normalerweise anrauchen würde. »Machen wir doch aber jetzt nicht mehr«, sagte Frank Plasberg ruhig. Ein Riesenarschloch, der Kerl. Aber erfolgreich. Ich lud eine App herunter, die berechnete, wann ich wieder Flimmerhärchen auf der Lunge haben würde, wie viele Zigaretten ich nicht geraucht hatte und wie viel Geld ich dadurch sparte. Ich schenkte das gesparte Geld meiner Oma, die sich davon spontan Schloss Neuschwanstein kaufen wollte. Ich habe sehr viel geraucht. Falls Sie mein erstes Buch gelesen haben, werden Sie jetzt vielleicht denken: Was soll das, Frau Bauerfeind?* Da haben Sie sich noch lang und breit und lustig darüber ausgelassen, dass Rauchen ein Grundrecht ist, und die beste menschliche Erfindung neben Demokratie und *Desperate Housewives*, und jetzt so was?! Ich kann dazu nur sagen: Das erste Buch schrieb ich vor drei Jahren. Da war ich noch komplett vernunftfrei. Da bin ich noch spontan für einen Tag an den Gardasee gefahren, habe mich für teuer Geld bei einem Jazztanzkurs angemeldet, bei dem ich genau ein Mal war, und habe mich in einen Vollidioten verliebt, weil er auf einer Party so schön verloren aussah. Ach Gott, das ist so lange her, das glauben Sie gar nicht. Ich glaube es selbst kaum. Aber man kann da nicht wieder hin zurück. Das wäre sehr unvernünftig.

---

* *Mir fehlt ein Tag zwischen Sonntag und Montag. Geschichten vom schönen Scheitern*, S. Fischer Verlag, 14,99 €, oder gebraucht bei Ebay für 1 €.

III. RANGA YOGESHWAR,
DIE PRAKTIKANTIN UND ICH

Wir treffen uns mittlerweile lieber nachmittags. Das passt bei allen besser. Paul und Kira haben jetzt das Kind und das Haus und deswegen ein sattes Schlafdefizit. Sie glauben, sich abends mit ihnen zu verabreden kann dazu führen, dass sie mitten im Satz abbrechen und schnarchend ins Bier kippen. Steffen arbeitet jetzt in Hamburg, ist nur noch ab und an am Wochenende hier und will abends noch zu seinen Eltern. Das ist auch neu. Früher wollte man abends immer von denen weg. Maren hat einen neuen Freund und ist deswegen eh nicht zurechnungsfähig. Die will abends lieber auf dem Sofa kuscheln und dabei *The walking dead* gucken. Also nachmittags. Kaffee und Kuchen. Wir haben uns alle länger nicht gesehen.

»Und wie isses so?«

»Bei uns ist grad voll stressig, neuer Kunde, großer Auftrag, knappe Deadline. Und bei euch?«

»Auch Stress. Aber kann sein, wenn's gut läuft, krieg ich im Sommer eine eigene Abteilung.«

Wie's geht, macht sich bei allen erst mal am Job fest. Das ist vielleicht normal in diesem Alter. Wir alle arbeiten jetzt im Schnitt seit rund zehn Jahren, haben die ersten Unsicherheiten überwunden und die ersten Karriereschritte gemacht. Keiner von uns ist schon am Ziel, aber alle sind schon irgendwo angekommen.

Paul erzählt, dass er in der Firma einen neuen Praktikanten hat: »Kommt grad von der Uni und will mir jetzt erzählen, dass ich meinen Job anders machen muss.«

»Bei uns auch. Die sind so unverschämt heutzutage. Das hätten wir uns doch nicht getraut«, steigt Lara ein.

Steffen jammert sofort nahtlos mit: »Wir waren doch früher froh, wenn wir ein Praktikum machen durften und wenn uns da einer gesagt hat, was wir machen sollen.« Vielleicht bin ich durch den Kaffee aufgeputscht, vielleicht hab ich noch nicht so lange Vernunft wie die anderen, jedenfalls widerspreche ich: »Wir waren doch früher genauso. Wir fanden die alten Säcke lahm, und wir hatten Ideen, wie wir's besser machen würden. Wollte damals auch nie einer hören. Mittlerweile sind wir eben die alten Säcke! Also ihr. Ich bin ja mental doch noch immer eher Praktikantin.«

Alle verdrehen die Augen, als hätte ich etwas Absurdes behauptet. Dass die Erde eine Scheibe ist. Eine Scheibe Wurst. Ich sehe an ihren Blicken, dass sie mich genauso doof finden wie ihre Praktikanten, aber es tut mir leid. So vernünftig kann ich einfach noch nicht sein, dass ich schon die alte Leier »Früher war alles besser/die Jugend von heute« mitleiere.

Ich versuche, es zu erklären. Geduldig, langsam, verständlich, so wie Ranga Yogeshwar mit zwei Leuchtmarkern die Kernschmelze in Fukushima.

»Wenn ich, rein hypothetisch, sagen würde, Steffen, ich finde, du bist manchmal so aufbrausend, dann hättest du vor ein paar Jahren noch gesagt: Hm, muss ich mal drüber nachdenken! Heute würdest du sofort widersprechen!«

»Was soll das heißen, ich bin aufbrausend?! Bist du bescheuert?! Ich komm extra aus Hamburg, damit du mir erzählst, ich bin aufbrausend?! Ich glaube, es hackt!! Ich bin doch nicht aufbrausend!!« Ich hätte es mit Leuchtmarkern versuchen sollen. Keiner sieht ein, dass ich recht habe. Ich bin, ich muss es leider sagen, die einzig jung Gebliebene und die Einzige, die die Vernunft noch nicht komplett im Griff hat. Die anderen sind gar nicht mehr flexibel. Alle haben sich mit ihr eingerichtet. Mentales IKEA. Alle Versuche, es noch mal herauszufordern, werden abgebügelt. Die Stimmung beim Kuchen bleibt komisch.

Humor und Vernunft, das passt anscheinend nicht so gut. Alle sind so locker wie Betonpfeiler. Alle brechen zeitig auf. Ich auch.

Ich muss abends noch zu einer dieser Veranstaltungen, wo aus unerfindlichen Gründen irgendwelchen Leuten irgendwas verliehen wird. Auf dem roten Teppich turnen zwei Gören Anfang zwanzig mit Mikrofonen und Kamera herum. Für irgendwas mit Internet. Keine Ahnung, ich hab da längst den Überblick verloren. Soweit ich deren »Konzept« verstehe, stellen sie den anwesenden Gästen blöde Fragen und machen sich dann über sie lustig. Kann man machen, haben wir alle mal gemacht. Ich finde, sie machen es schlecht. Zu aufgedreht, zu billig, zu schrill. Ich merke das erst, als sie mir schon ihr albernes Mikro unter die Nase gehalten haben und mir eine strunzdumme Frage stellen. Irgendwas mit Miley Cyrus, keine Ahnung. Entsprechend sage ich was in Richtung »Nur so als Tipp: Macht doch mal 'ne Ausbildung, Mädels! Man stellt in Interviews keine geschlossenen Fragen«. Aber ich sag's natürlich cool und freundlich und mach noch einen Gag draus. Zwei Tage später sehe ich im Internet, dass die beiden, kaum dass ich weg bin, sagen: »Fuck, die war früher aber auch mal lockerer!« – »Aber da waren ja auch die Dinosaurier noch am Leben.« – »Boah, ich hoffe nur, dass wir anders drauf sind, wenn wir mal in das Alter kommen!«

22
LEBEN AM LIMIT
ODER MEINE WILDEN ZWANZIGER

Neulich stellte mir ein Reporter die Frage, ob ich jetzt, mit dreißig, die wilden Zwanziger vermisse. Gute Frage, fand ich. Ich horchte kurz in mich hinein. Ach ja, das war schon schön, damals, zum Beispiel, als eine von uns, deren Namen ich nicht mehr weiß, sturmfreie Bude hatte. Wir machten aus Rum, Fanta und Brennspiritus eine feine Bowle, aßen unaufgetaute Fischstäbchen mit frittierten Schokoriegeln und rauchten zum Nachtisch halluzinogene Pilze. In diesem Zustand versicherte einer der Jungs, er könne den im Haus befindlichen Treppenlift für die Oma so frisieren, dass das Ding locker zwischen achtzig und neunzig km/h draufhätte. Er brauche lediglich eine Neuner-Nuss und etwas Schmieröl. Wir Mädels fanden unterdessen die Gumminoppenbademattte, die für die Oma in die Wanne gelegt worden war, damit die alte Dame beim Duschen nicht ständig wegglitschte, schnitten mit der Gartenschere kleine Lappen daraus, die wir uns mit Einmachgläserringen an die Füße banden, weil wir dachten, es sei irre witzig, mit Gumminoppenbademattenfüßen zu *Cotton Eye Joe* zu tanzen. Das Ergebnis war, dass der Treppenlift-Kollege nach einem von allen fulminant vorgetragenen Countdown auf dem manipulierten Gerät mit Schmackes ins Erdgeschoss plumpste, dabei das

Geländer abriss, sich geistesgegenwärtig vor dem Aufprall am Aquarium festhielt, und so etwa drei Dutzend Guppies und Welse sowie ein Pfund Algen weiträumig im Eingangsbereich verteilte, um anschließend leise, aber massiv die Satinbettwäsche im Schlafzimmer vollzubluten, während wir anderen am Wohnzimmerparkett festgesaugt stehen blieben und *Cotton Eye Joe* in Dauerschleife lief. Herrlich. Dann fiel mir ein, dass ich mir das nur ausgedacht hatte. War alles nie passiert. Jedenfalls nicht mir.

Ich war nie unter Einfluss von Pillen freitags in Stuttgart in einen angesagten Club gegangen und drei Wochen später in Berlin wieder rausgekommen, mit neuer Haarfarbe, einem auftätowierten Eichhörnchen am Arsch und immer noch tanzend.

Drei One-Night-Stands in einer Nacht, unter Einfluss eines Sangria-Eimers an einem spanischen Strand, um dann am nächsten Morgen festzustellen, dass der blasse Rothaarige, der so gut zuhören konnte und mit dem man es besonders wild getrieben hatte, die Ronald-McDonald-Figur des McDonald's-Drive-Through in Alicante West war. Hat in meinem Leben nicht stattgefunden. Fuck, dachte ich, ich hatte nie wilde Zwanziger!!! Seit ich angefangen habe zu studieren und zu arbeiten, war ich nicht mehr nennenswert aus dem Haus. Wild war ich maximal bis zwanzig. Damals stand ich noch in dem Ruf, jeden Typen unter den Tisch saufen zu können. Meistens war ich stolz darauf, manchmal auch irritiert, wenn jemand sagte: »Der Stefan ist zwar Alkoholiker, aber die Katrin macht den locker platt!« Dann anerkennendes Schulterklopfen, von Jungs, versteht sich.

Danach: alles halb so wild. Ich erinnere mich hier stellvertretend an die Hochzeit von Tanja, die als Erste von uns geheiratet hat. Ich kam gerade aus London, was klingt, wie etwas, das man in dem Alter unbedingt sagen will, wenn man in der Provinz aufwächst: »... du, ich komm ja grad aus London.« Die

Londonreise war ein Geschenk zur Beendigung meines Praktikums bei einem Radiosender. Ich durfte drüben bei einer Aufzeichnung von *Top of the Pops* dabei sein, der damals angesagtesten Musiksendung im Fernsehen. Maroon 5 traten auf und ich saß im Publikum. Wie cool war das denn? Wie zu früh und spießig war dagegen Heiraten?

Die Moderatorin von *Top of the Pops* hatte einen blonden Pony und lila Haare. Genauso ließ ich mir die Haare auch färben. Wobei genauso heißt, ganz anders. Deutschland war Deutschland und eben nicht England, und mein Mut war begrenzt, deswegen war mein Pony hellbraun, der Rest dunkelbraun. Ich fühlte mich dennoch wild. Moderatorinnen mussten auf jeden Fall crazy Haare haben, fand ich. Die hatte ich ja jetzt und war deswegen schon praktisch Moderatorin. Meine Freundin Livy fand, ich sähe aus wie eine thailändische Straßennutte, was unsere Freundschaft kurz auf eine harte Probe stellte. Dann beschloss ich zu finden, dass Livy, genau betrachtet, noch nie Ahnung von nix gehabt hatte, und ging hell- und dunkelbraun zu Tanjas Hochzeit. Das war eine schöne Veranstaltung, und deswegen an Menschen Anfang zwanzig völlig verschwendet. Wer legt in diesem Alter schon Wert auf einen Rosengarten mit Sekt und Häppchen? Allein, dass der Sekt aus Gläsern und nicht, wie sonst, aus der Flasche getrunken wurde, erschien uns spießig. Wahrscheinlich eine Idee der Eltern. Livy und ich setzten uns aus Protest hinter einen der Rosensträucher in die Kieselsteine und waren mit Jungsein beschäftigt. Dazu gehört, durstig zu sein und Interesse an den verfügbaren Männern auf der Feier zu haben. Ich hatte mir einen Italiener ausgesucht, der sehr talentiert war im Gutaussehen. Er war der Cousin des Bräutigams, extra aus Italien angereist, im schlichten, klassischen Anzug, und trug seine Sonnenbrille auch drinnen. Eigentlich ein international gültiges Anzeichen für einen Vollidioten. So was weiß man aber erst ab circa Mitte zwanzig.

110

Mit Anfang zwanzig hält man das für messerscharf, und so bestellte ich noch einen Bellini. Irgendwie scharf fand ihn auch
Indra, die zwar mit ihrem Freund da war, aber den halben
Abend meinem Italiener am Arsch klebte. Deswegen ging es im
Laufe der nächsten drei Cuba Libre darum, den Typen abzu-
schleppen. Vor Indra. Einen One-Night-Stand auf einer Hochzeit zu haben, mit dem Cousin des Bräutigams, wie wild und
jung war das denn bitte?

Nicht sehr, wie sich herausstellte. Der Italiener war prickelnd
wie lauwarmer Sekt und erotisch nicht al dente. Wir scheiter-
ten an der Sprachbarriere, auch körpersprachlich. Die wilden
Dinge in meinen Zwanzigern habe ich ohnehin nur gemacht,
weil ich dachte, sie seien wild. In Wirklichkeit war das stun-
denlange An- und Umziehen, bevor man in die Disco ging, der
wichtigste Teil des Abends.

In jungen Jahren hat man keine Ahnung und imitiert das, was
man irgendwo gesehen oder gelesen hat. Die Jugend ist an
junge Leute verschwendet, die nichts damit anzufangen wissen.
Heute, mit fast Mitte dreißig, sage ich das, was alle sagen, die
auf Mitte dreißig zugehen:

- Wenn ich heute feiern gehe, brauche ich zwei Tage, um mich
  zu erholen.
- In dem Laden ist es immer so laut, da kann man sich gar
  nicht unterhalten.
- Die Wohnung ist eigentlich super, aber wir überlegen, ob
  wir was kaufen.
- Ich find's ganz schön, wenn das Auto so sauber ist.
- Wir waren gestern spazieren.
- Wir waren gestern segeln.
- Im Prinzip fühl ich mich noch genauso wie vor zehn Jahren.

Heute weiß ich, immer nur die Zwanzigjährigen denken, man würde die Zwanziger vermissen, und die Dreißiger hoffen, dass vielleicht noch wilde Vierziger kommen.

23
WEIL ICH EIN MÄDCHEN BIN –
NACHTEILE DES ERWACHSENWERDENS

Ich bin Anfang zwanzig und habe seit kurzem meine erste eigene Wohnung. Meine Mutter kommt zu Besuch. Deswegen habe ich geputzt, als hätte ich die Kehrwoche erfunden. Gut, in den Ecken sammeln sich noch ein paar Staubmäuse, aber staubsaugen ist voll zwanzigstes Jahrhundert, old school und absolute Zeitverschwendung. Das Ganze dient ja nicht der Sauberkeit, sondern soll nur meiner Mutter demonstrieren, dass ich alleine klarkomme. Als ich noch zu Hause wohnte, sagte sie oft: »Du erstickst noch mal im eigenen Dreck!« Jetzt will ich ihr zeigen, dass sie sich keine Sorgen um mich machen muss. Tatsächlich ist sie begeistert und lobt mich derartig, als hätte ich die Wohnung nicht nur geputzt, sondern eigenhändig gebaut. Die paar Staubmäuse? Halb so wild. Sie hatte mit ganz anderen Tieren gerechnet. Mutter macht Fotos für meine Oma, damit die's auch glaubt. Eine Nachrichtenkette wird in Gang gesetzt, breaking news an alle Verwandten: Katrin hat geputzt! Es würde mich nicht wundern, wenn die komplette Familie einen Autocorso veranstaltet und anschließend den Sekt aus dem Keller holt.

Jetzt, gut zehn Jahre später, ist meine Mutter wieder da. Auch meine aktuelle Wohnung ist weitgehend aufgeräumt. Aber diesmal kein Lob, keine Fotos an die Oma. Nichts. Stattdessen: »Mensch, Katrin, saug doch mal! Diese Staubmäuse sind ja ekelhaft.«

Mit zwanzig wird man. für Sachen gelobt, die mit dreißig selbstverständlich sind. Jetzt erwartet jeder, dass man sein Leben im Griff hat. Noch schlimmer, es wird höchste Zeit, weiterzukommen.

Meine erste Moderation im Internet wurde von der Familie andächtig bestaunt, das erste Mal im Fernsehen großflächig verkündet, jetzt aber werden mir immer häufiger alte Klassenkameradinnen vorgehalten: »Die Anja hat ein Haus. Und eine eigene Kanzlei. Und Kinder.«

Mein Steuerberater fragt: »Was machen Sie eigentlich für die Altersvorsorge?« Ich sage: »Yoga«, merke aber, dass mein Gegenüber das nicht länger süß findet, sondern weltfremd. Meine finanzielle Kompetenz liegt in seinen Augen unter der von Griechenland, und das kann ich mir jetzt anscheinend noch weniger leisten als die Griechen. Ich müsste mich mal kümmern. Freunde, die sich vor ein paar Jahren noch ein Zelt für den Campingurlaub geliehen haben, kaufen mittlerweile Immobilien. Andere gehen auf Ü-30-Partys. Die fangen abends um acht an, weil alle zeitig nach Hause wollen. Man muss am anderen Tag ja früh raus. Die, die vor ein paar Jahren noch Quatsch gemacht haben, machen jetzt Karriere. Alle erwarten, dass man langsam mal erwachsen ist, vernünftig und weiß, wie das Leben geht.

Ich dagegen staune noch immer, dass riesige Flugzeuge trotz ihres enormen Gewichts fliegen, ich hab keine Ahnung, warum große Kreuzfahrtschiffe nicht untergehen und wie schnurlose Telefone meine Worte von Deutschland nach Amerika bringen.

Es gilt ja allgemein als erstrebenswert, sich etwas Kindliches zu bewahren. Gemeint ist da aber, malerisch durch Laubhaufen zu pflügen oder pfeifend zum Kiosk zu hüpfen und sich für zwei Euro Lakritz zu kaufen. Gemeint ist dagegen nicht, mit Anfang dreißig immer noch die *logo!*-Nachrichten auf dem Kinderkanal zu gucken, in der Hoffnung, dass die einem mal erklären, wie die Welt funktioniert. Die Kindlichkeit, die ich mir bewahrt habe, ist eher die, die sich im Supermarkt vor der Kasse auf den Boden wirft, um Süßigkeiten zu kriegen. Wenn ein unangenehmer Anruf droht, ziehe ich mir die Decke über den Kopf und denke, so wird der andere nicht merken, dass ich zu Hause bin. Bei Stress stampfe ich innerlich mit den Füßen, knalle äußerlich Türen oder gebe patzige Antworten. Lästige Diskussionen umgehe ich durch gezieltes Heulen. Ich sehe an Kinderblicken, dass die Kleinen mich für eine Erwachsene halten, während ich immer denke »Ich bin doch noch eine von euch!«.

Es gibt Tage, da will ich wieder nach Hause, will wieder Taschengeld, und dass einer den Kühlschrank auffüllt, und wenn irgendwer vom Sender anruft, Mutti, gehst du dann bitte ran und sagst, dass ich nicht kann, oder schreibst mir eine Entschuldigung wie früher? »Die Katrin kann nicht länger am Leben teilnehmen, sie fühlt sich nicht so …«

Nicht erwachsen werden zu wollen ist keine männliche Domäne. Auch Frauen bleiben immer länger Mädchen. Ich will nach wie vor auf die Hüpfburg, und ich will gelobt werden. Ich möchte zur Oma gehen und mir eine Belohnung abholen, so wie früher, wenn mein Zeugnis gut war. Ich will, dass meine Umgebung angemessen beeindruckt ist, so wie damals, als ich plötzlich freihändig Fahrrad fahren konnte. Ich möchte Fleißpunkte, wenn ich stupide Arbeiten durchgehalten habe. Aber dreißig ist die magische Grenze, ab der man das nicht mehr erwarten kann. Das, womit man die *Mini-Playbackshow* gewinnt, reicht bei *The Voice of Germany* noch nicht mal für den Recall. Erst ab achtzig kann ich wieder damit rechnen, dass Menschen mich loben, weil ich unfallfrei über die Straße gehe oder eben meine Wohnung selbständig halbwegs sauber halte. Die fünfzig Jahre dazwischen muss ich anders füllen, um gelobt zu werden. So funktioniert ja auch Facebook. Die Sucht nach »likes« ist nichts anderes als eine aufgepeppte Suche nach Lob, Anerkennung und Bestätigung durch andere. Deswegen glaube ich, dass es noch mehr Leuten so geht wie mir. Vielleicht lässt sich daraus sogar ein Geschäftsmodell entwickeln:

KIK

Katrins Internetshop für Kindgebliebene. KIK. Eine Art Manufactum-Katalog für infantile Erwachsene. Mit diesen Kassenschlagern:

DER MEGAMAXICOSI   Ein Buggy für Kinder ab dreißig. Was gibt es Schöneres, als sich einfach gemütlich durch die Gegend schieben zu lassen?! Warm eingemummelt in eine dicke Decke, ermöglicht der Megamaxicosi die bequemste Form des Spazierengehens ohne Anstrengung. Hier sind Sie an der frischen Luft, während Sie gleichzeitig ein Schläfchen halten, Sie kommen mal raus, ohne sich bewegen zu müssen. Erwachsenes Autofahren bedeutet Stau, Stress und schlechte Laune, unser Megamaxicosi dagegen bedeutet, sich schieben zu lassen. Verantwortung abgeben. Wenn's rollt, dann läuft's. Wer mit vierzig noch Hello-Kitty-Socken trägt, kann mit fünfzig auch noch Buggy fahren. Der Megamaxicosi, unser Buggy für Erwachsene.

Klar, da müssen Sie auch noch jemanden haben, der schiebt, aber entweder Sie haben einen verständnisvollen Partner oder Personal aus dem Osten.

DER ALLWETTER-RIESENWICHTELBLAZER Wer bei oder nach einem nervigen Tag im Büro richtig Bock hat, mal mit Schlamm zu werfen, im Matsch zu pantschen oder eine Schneeballschlacht zu veranstalten, der ist mit dem Allwetter-Riesenwichtelblazer immer passend angezogen. Die Farben und Schnitte sind büro-kompatibel, aber die Fasern sind wasser- und schmutzabweisend. Sie können sich voll austoben, ohne vortäuschen zu müssen, dass Sie Sport machen, wandern gehen oder anderen erwachsenen Outdooraktivitäten nachgehen. Mit dem Allwetter-Riesenwichtelblazer können Sie sofort überall loslegen und sich richtig austoben.

Ich bin sicher, so mancher G-8-Gipfel und das ein oder andere Business-Meeting würden einen anderen Ausgang nehmen, wenn man nicht die ganze Zeit so tun müsste, als sei man rational, erwachsen und selbstbeherrscht.

KREISCHI – DIE MOBILE SCHREIECKE Jeder kennt das. Das Leben ist gemein, die Kollegen nerven, und zu Hause läuft es auch nicht rund. Wenn Sie auf erwachsene Lösungen wie Alkohol, Depressionen oder Wellness keine Lust haben, dann haben wir hier genau das Richtige für Sie. Kreischi – die mobile Schreiecke, eine in Sekunden aufblasbare und trotzdem schalldichte, kleine Kammer, in die Sie sich stellen können, um nach Herzenslust alles herauszubrüllen. Schreien Sie, ohne die Nachbarn zu stören oder die Polizei auf den Plan zu rufen. In vier Farben lieferbar, aus stabilem Material, so dass Sie Kreischi auch nutzen können, um beim Schreien noch Sachen zu zerschmeißen.

Ganz ehrlich, wer hat nicht zwischendurch Lust, mal richtig loszubrüllen? Wie ein Zweijähriger in der Economyklasse eines Flugzeugs. Ohne Rücksicht auf Mitreisende.
Eben.

So funktioniert der moderne Kapitalismus: aus seinen Macken Kapital schlagen. Wer als Nerd keine Freunde hat und erst recht nicht an Frauen rankommt, erfindet Facebook, um wenigstens virtuelle Freunde zu haben. Wer musikalisch arg begrenzt ist, setzt sich als Obermotz in die Jury einer Casting-Show, und wer als Kind beim Fußball immer als Letzter gewählt wurde, geht später in die Politik, um da dann mal früher gewählt zu werden. Da kann ich ja wohl mein KIK aufmachen. Lachen Sie ruhig. Dass Frauen massenweise im Internet Schuhe kaufen, hätte auch keiner gedacht. Spätestens, wenn ich mit der Idee an die Börse gehe, ist auch meine Familie wieder stolz auf mich.*

---

* Ich glaube ja auch an eine Tinder-für-Schnäppchen-App, die einem auf dem Smartphone anzeigt, welche Sonderangebote sich in der Nähe befinden. Aber auch damit wird wieder ein anderer reich.

24
MIT OMA INS NETZ –
DIGITAL WIRD ALLES BESSER

Wir jungen Internetfreaks sitzen im Winter manchmal mit unseren Milchkaffees bei der Oma, und wenn wir Lust haben, uns zu gruseln, sagen wir: »Oma, erzähl mal von früher.« Früher war alles schlechter. Wir meinen nicht die Hitlerzeit, sondern die Öffnungszeit. Zum Beispiel im Lebensmittelladen. Meine Oma ist so alt, dass sie Öffnungszeiten noch selbst erlebt hat. »Also, Oma, wie war das damals?«, frage ich, und weil sie weiß, dass wir sie sonst nicht mehr besuchen, erzählt sie. »Tja«, sagt sie dann, »früher musste man seine Freunde noch selbst kennenlernen, draußen im Ort, denn wir kamen hier ja fast nie raus!« Viele kichern da schon ungläubig, aber ich glaube, die Oma lügt uns nicht an. Oma kennt einige ihrer Freundinnen aus dem Ort schon seit siebzig Jahren. Das ist siebenmal länger, als es Facebook gibt, und neunmal länger, als es Twitter geben wird. Oma ist krass. »Damals musste man auch morgens überlegen, was man abends essen wollte, und dann musste man bis um sechs Uhr alle Zutaten einkaufen, sonst hatte der Laden zu.« Jetzt gruseln wir uns richtig. Müssten wir so planen, würden einige von uns verhungern. Viele junge Menschen leben ja von Essen auf Rädern, also Pizza-Taxi und Ähnlichem. Wenn der Magen grummelt, gucken wir nicht in den Kühlschrank, sondern ins Netz und können spontan entscheiden, ob uns nach italienischem, chinesischem, mexikanischem, japanischem oder richtigem Essen ist. Eine halbe Stunde später sind wir satt. Die Oma dagegen musste noch selber kochen. Und vorher noch selbst einkaufen. »Wenn man einkaufen ging«, sagt die Oma, »musste man immer genügend Geld mitnehmen, sonst musste man zur Bank, um welches abzuheben.« – »Du meinst, man musste in ein echtes, richtiges Gebäude in der Stadt?« Wir Internetfreaks können es kaum glauben. »Ja, genau«, sagt die Oma nachsichtig. »Da musste man dann ein Formular ausfüllen, und es am Schalter abgeben. Ein Schalterbeamter musste das Formular abstempeln, und dann bekam man sein Geld.« Geldautomaten gab es noch nicht. Oma ging immer zur Bank. Zu den Öffnungszeiten. Ein Leben ohne automatisches Geld ist für uns so unvorstellbar wie ein Leben ohne Erdanziehung. Alle giggeln. Oma freut sich, dass sie uns mit ihren alten Geschichten so gut unterhält. »Die Kassiererin im Laden musste die Preise der Lebensmittel von Hand in die Kasse eingeben, manchmal hat sie sich vertippt, manchmal war einfach kein Preis ausgezeichnet. Und dann musste man ja auch noch Klatsch und Tratsch austauschen. Man kannte sich ja seit Jahren. Aber irgendwann war alles bequatscht und bezahlt, und man brachte die Einkäufe heim.« Wir schütteln die Köpfe und sind froh, dass wir so jung sind. »Unvorstellbar, Oma«, sage ich, »hast du dich nicht den ganzen Tag aufgeregt, dass alles so langsam voranging?« – »Ach, nein, Kind«, sagt sie, »wir kannten es ja nicht anders.«

Damit die Oma es jetzt besser hat, übernehme ich für sie das Einkaufen. Im Internet natürlich. Ich logge mich einfach bei einer Seite ein und freue mich, wie die Oma staunt. Die Seite will ein Passwort, das ich vergessen habe. Seit alle sagen, dass »Katrin123« als gemeinsames Passwort für Mails, Apple-Store und Online-Banking nur bedingt sicher ist, hab ich überall ein eigenes Passwort und einen eigenen Usernamen. Immer nehme ich mir vor, beides aufzuschreiben, und vergesse es dann doch. Ich wollte mich sogar schon häufiger irgendwo anmelden und bekam die Antwort: Es existiert bereits ein Nutzerkonto zu dieser Mailadresse. Teilweise auf Seiten, bei denen ich schwören könnte, sie noch nie gesehen zu haben. »Und jetzt?«, fragt die Oma, und ich muss grinsen. Sie denkt immer sofort, das Internet ist kaputt. »Guck, Oma. Ich fordere einfach ein neues Passwort an. Das wird an meine Mailadresse geschickt. In der Mail ist ein Link, und den muss man einfach anklicken. Man kommt dann auf eine neue Seite und muss dort das alte Passwort eingeben, sich dann ein neues ausdenken und das noch einmal bestätigen.« Ich merke schon, dass sie kein Wort verstanden hat. Aber das ist ja nicht schlimm in ihrem Alter. Selbst ich komme nicht immer hinterher. Die Zahl dieser Profile, Seiten und Accounts geht bei mir mittlerweile in den dreistelligen Bereich. Die Dunkelziffer kann noch höher liegen. Ich bin ein Profilmessie. Während ich auf die Mail mit dem Link warte, rege ich mich auf, dass Google mir ständig Werbung für Darmreinigung schickt, nur weil ich das beruflich vor einem halben Jahr mal gegoogelt habe. Ich kann nicht mehr ins Internet, ohne dass ich über Darmreinigung stolpere. Zalando zeigt mir auch seit Wochen dieselben Kleider. Die hab ich vor Ewigkeiten angeklickt und fand sie nicht schön. Jetzt werden sie mir jeden Tag in Erinnerung gerufen, mit dem Hinweis »zuletzt angesehen«. Zalando fährt eine ähnliche Strategie wie mein fünfjähriges Patenkind. Der Junge nervt auch jedes Mal, wenn ich ihn sehe, mit den Playmobil-Sachen, die ihm noch fehlen. »Duhu, das Piratenschiff ist ganz toll.« So eine Internetfirma sollte eigentlich pfiffiger sein als ein Fünfjähriger, denke ich. Es geht mir eh auf die Nerven, dass alle mir Nachrichten schicken, mich informieren und mir Vorschläge machen. Ich krieg mittlerweile mehr Nachrichten von meinen Apps als von meinen Freunden. Seit alles immer schneller geht, werde ich immer ungeduldiger. Die Werbung vor YouTube-Filmen lässt sich oft nach fünf Sekunden überspringen. Fünf Sekunden. Eine Ewigkeit. Meine Bank schreibt mir angeblich, dass es ein Problem bei meinem Online-Banking gegeben hat. »Diese Internetbetrüger werden auch immer raffinierter«, sag ich der Oma. »Guck, die Mail sieht unglaublich echt aus. Als käme sie wirklich von meiner Bank. Aber wenn du da draufklickst, nistet sich ein Trojaner auf deinem Rechner ein, und dann hast du richtig Ärger!« Die Oma kann es nicht fassen. »Ja, sei froh, dass du dich damit nicht mehr beschäftigen musst.« Ich klicke den ganzen Schund sofort weg und komme so drauf, dass die Mail mit dem neuen Passwort vielleicht in meinem Spam-Ordner gelandet ist. Bingo! »Wir ham's gleich, Oma«, ruf ich in Richtung Wohnzimmer. Dahin ist die Oma verschwunden und macht wahrscheinlich ein Nickerchen. Soll sie ruhig. Das hat sie sich verdient. Mein neues Passwort ist »Ladenöffnungszeiten2016«. Das schreib ich mir nachher mal auf. Die Mail bietet mir an, VIP zu werden. Das machen jetzt auch alle und nervt wahnsinnig. Für wenig Geld kann ich überall Pro werden, Supermitglied, Premiumkunde oder den Goldstatus erreichen. Die Mail stellt mir Rabatte und noch mehr Information in Aussicht. Weg damit. Will ich nicht. Ich will bloß für meine Oma einkaufen, verdammte Axt! Ich sitze jetzt hier seit Ewigkeiten, und nix geht voran! So was macht mich kirre! Dann mache ich endlich den virtuellen Warenkorb voll und merke beim Bezahlen, dass es wohl ein Problem bei meiner EC-Karte gibt. Wo war jetzt noch mal die Mail mit dem Online-Banking? Hier. Da steht auch, dass es Probleme gibt. Ich logge mich bei meiner Bank ein, und in der Tat, da geht nix mehr. Ich soll mich bei der Bank melden, steht da. Als ich anrufe, erwische ich nur ein Band: »Sie rufen außerhalb unserer Geschäftszeiten an!« Das will ich der Oma erklären, aber die ist gar nicht mehr da. Sie ist einkaufen gegangen.

25
»I HAN GAR NET KENNA« – WEIHNACHTEN BEI BAUERFEINDS

In meiner Familie sind Familienfeiern wie *Menschen bei Maischberger*. Es werden immer dieselben Leute eingeladen, die Deko ist bescheiden, viel wird erzählt, aber man erfährt wenig Neues. Über wirklich Wichtiges wird weder hier noch da gesprochen.

Themen, über die man bei uns zu Hause nicht redet, sind zum Beispiel:

Geld. Wer es hat, wer es mal hatte, warum er es jetzt nicht mehr hat und wem es fehlt.

Liebe. Wer sie hat, wer sie mal hatte, warum sie wann verlorenging und wem sie fehlt.

Sex. Wer ihn hat, wer ihn mal hatte, warum er ihn jetzt nicht mehr hat und wem er fehlt.

Ein Thema, über das man dagegen immer wieder gern redet, ist die Verdauung. Alles rund ums Klo ist von jeher ein beliebtes Thema. Speziell zum besinnlichen Weihnachtsfest versuchen alle, sich mit lustigen Klogeschichten zu überbieten. Da ist zum Beispiel die Geschichte vom Lauftreff. Beteiligte Personen möchten gerne anonym bleiben, deswegen nenne ich meine Tante Marion in dieser Geschichte Gisela. Gisela ist seit Jahren in einem Lauftreff. Immer dienstags starten rund ein Dutzend

Leute gemeinsam im Wald und rennen zwei Stunden darin herum. Schon nach ein paar Minuten merkt Gisela, dass ihr, und hier muss ich sie wörtlich zitieren, »ein Furz quer sitzt«. Ab diesem Moment versucht sie, ihn zu ignorieren, aber der Furz, sagt sie, ist hartnäckig wie ein penetranter Verehrer. Tante Gisela ist, wie die meisten Frauen in der Familie, schon länger Single. Man ahnt warum. Sie kämpft also innerlich noch wenige Minuten mit sich beziehungsweise dem Furz, bis sie merkt, dass sie den Kampf verlieren wird. Sie täuscht geschickt Konditionsprobleme vor und wartet, bis alle außer Sichtweite sind. Dann setzt sie sich ins Gebüsch und erledigt, was zu erledigen ist – um mittendrin festzustellen, dass zwei Herren aus der Gruppe doch noch weniger Kondition hatten als sie. Es kommt zum Blickkontakt. Man grüßt sich höflich und setzt den Lauf anschließend fort. Gisela läuft selbstverständlich dienstags weiter mit. Das ist doch schon mal ein schöner Auftakt, der uns da zur Suppe gereicht wurde.

Meine Nichte kontert mit einer soliden Durchfallgeschichte. Irgendwo hatte sie sich den Magen verkorkst. Ständig musste sie aufs Klo. Heidewitzka! Sie spart nicht mit Details über Konsistenz und Farbe und macht auch die dazugehörige Akustik täuschend echt nach, damit wir uns das alles auch wirklich vorstellen können. Während wir essen, natürlich. Sonst macht es ja keinen Spaß. Schließlich ist Weihnachten. Also, sie spürt, es ist wieder so weit, rennt los, steht schon im Badezimmer vor dem Klo und merkt da, dass sie sich beim letzten Besuch einen nicht lösbaren Knoten in den Gummizug ihrer Jogginghose geknotet hat. Nichts zu wollen. Bombenfest das Ding, sie kriegt die Hose nicht runter. Ein gordischer Knoten, quasi, und nichts zum Zerschlagen weit und breit. Sich direkt vor dem Klo in die Hose zu scheißen, das soll erst mal einer toppen. Alle nicken beeindruckt und nehmen noch Kartoffelsalat.

Dann erzählt Onkel Helmut, wie er sich im Skiurlaub nach

dem Après-Ski mal verrechnet hat. Er war schon leicht ange-
schickert, was übersetzt heißt, Onkel Helmut war voll wie hundert Russen. Jetzt trägt man ja gerade beim Skifahren reichlich
Unterwäsche. Lange Unterhose, Jogginghose drüber und dann
erst Skihose. Manchmal noch 'ne Lage dazwischen. Jedenfalls,
kurz und gut, Onkel Helmut konnte nicht mehr bis drei zählen,
oder vier. Er hat also schlicht vergessen, die letzte Schicht Unterwäsche auszuziehen. Gemerkt hat er das allerdings erst, als
er aufstand und die Spülung drücken wollte. Eindrucksvoll demonstriert er jetzt über dem leeren Puddingnapf, wie er sich
damals wunderte, dass die Kloschüssel leer war. Obwohl er
wusste, dass Alkohol im Spiel war, und er eigentlich mit Gott
nichts am Hut hat, glaubte er für wenige Augenblicke seines
Lebens an ein Wunder. Fantastisch.

Die Geschichte »Wie Onkel Helmut sich einmal in die Hose
schiss« kommt zu Weihnachten so verlässlich wie Sissi. Auch
sie ist immer schön, selbst wenn man auch hier weiß, wie es
ausgeht. Das hier ist praktisch 1001 Nacht auf Schwäbisch. Die
Zeit bis zur Bescherung wird von der restlichen Verwandtschaft mit weiteren Verdauungsgeschichten gefüllt. Eine andere Tante zum Beispiel kann im Ausland nie aufs Klo. Sobald
ihr Darm die Landesgrenzen überquert, stellt er seinen Dienst
ein. Jetzt erzählt sie, wie sie mal am Gardasee fast eine Woche
nicht konnte und sie sich täglich die Klopapierrolle ins Wohn-
mobil stellte, um immer wieder mantraartig den Satz zu sagen:
Ich muss aufs Klo. Dann ging sie im Geiste alle notwendigen
Schritte durch, wie ein Skifahrer die Abfahrt schon mal mental bewältigt, bevor er sie wirklich fährt. Sie stand anschließend
auf, nahm die Klopapierrolle, ging vorfreudig los, lief zu den
Waschräumen, stellte sich über das Plumpsklo und – war wieder blockiert. »Alleine dieses Plumsklo«, sagt sie jetzt, »ihr
macht euch kein Bild!« Eine andere Festteilnehmerin kann das
nun gar nicht verstehen. Anatomisch gesehen, sagt sie, ist das

nämlich die beste Haltung überhaupt, und demonstriert die ideale Plumsklohaltung direkt neben dem Tisch, breitbeinig und in den Knien leicht gebeugt. »Ich bitte dich«, sagt sie, »du wirst doch so 'ne Viertelstunde stehen können, zum Scheißen!« Schöne Bescherung und Frohes Fest!

Dann stand ich am anderen Ende der Welt an einem Flughafen und hatte noch Zeit bis zum Abflug. Ich bin so konditioniert, dass man vor langen Reisen immer noch mal aufs Klo geht, weil mein Vater früher mit dem Auto keine Lust hatte, direkt an der ersten Raststätte wieder anzuhalten. Ich habe dieses Vorsorgepullern zwar nie verstanden, denn ob man bei der ersten Gelegenheit rechts ranfährt oder bei der fünften, kommt am Ende zeitlich auf dasselbe raus. Beim Fliegen fällt das Argument sogar noch flacher, zumal Flugzeuge ja in der Regel ein Klo mitführen. Aber sei's drum. Als ich vom Klo zurückkomme, geht vor mir eine schwäbische Familie – die Schwaben sind wirklich mittlerweile die Japaner Deutschlands. Sie sind einfach überall. Die schwäbische Familie jedenfalls besteht aus Vater, Mutter und erwachsener Tochter. Und die beiden Frauen waren gerade gemeinsam auf dem Klo. Die Mutter rammt der Tochter verschwörerisch den Ellbogen in die Seite und sagt: »I han gar net kenna!« Sie sagt es so, als hätte sie ihren Teil einer Abmachung leider nicht einhalten können. Die Familie hatte offenbar den Plan, vor dem Flug noch mal gemeinschaftlich zu zeigen, woher das Scheißhaus seinen Namen hat, um sich dann anschließend wieder in der Haupthalle zu treffen. Es hat mich ungemein beruhigt zu hören, dass wir, zumindest innerhalb Schwabens, offenbar gar keine außergewöhnliche Familie sind.

26
HUMOR – VERMINTES GELÄNDE

Humor kann der Deutsche nicht, und Hitler ist schuld. Kurz nachdem wir als Volk in den Goldenen Zwanzigern ein bisschen locker geworden waren, kam der blöde Ösi-Führer, und schon gab's wieder nix mehr zu lachen. Danach sowieso nicht und anschließend dachten wir: Komm, jetzt lohnt es sich auch nicht mehr! So in etwa muss es gewesen sein, denn unsere Nation ist insgesamt leicht angesteift. Bei Veranstaltungen außerhalb von Karneval und Ballermann lacht hier keiner grundlos. Die klassische Zuschauerhaltung ist die mit verschränkten Armen in Richtung Bühne: »So, dann zeigt mir mal, warum ich hier lachen soll!«

Lautes Lachen irritiert. »Jetzt is' aber auch mal gut«, schrie mich ein Familienvater vom Nebentisch in einem Restaurant an, weil ich mehrfach laut gelacht hatte. Schwer vorstellbar, dass er einem brummigen Gast zurufen würde: »Jetzt nerven Sie uns nicht länger mit Ihrer Scheißlaune!« Schlecht drauf sein ist akzeptiert. Uns scheint es ganz recht zu sein, wenn wir einen Grund haben, nicht lachen zu müssen.

Entertainment, Glamour und Esprit sind ja bei uns nicht umsonst Fremdworte. Der Deutsche Filmpreis ist verlässlich unlocker und deswegen nicht der Oscar, Schmidt war nie Letterman, die Bully-Parade nicht Monty Python und Hallervorden nicht Louis de Funès.

In der Schule wäre Deutschland die verbissene Streberin, die nur Einsen schreibt, keinen abschreiben lässt und dann auch noch gut im Sport ist. So jemand ist nicht beliebt. Aber Beliebtheit ist auch nicht unser Ziel. Einer muss schließlich vernünftig sein. Warum nicht Deutschland? Gute Laune ist was für den Süden, die Engländer oder Amis. Eine amerikanische Freundin fand, der größte Unterschied zwischen Amerika und Deutschland sei, dass drüben jeder in der Wertschätzung der anderen bei plus zehn startet und erst was vermasseln muss, bis er bei null ankommt, während in Deutschland jeder bei minus zehn startet, um sich dann auf null hochzuarbeiten. Ernsthaft, versteht sich. Lachen ist vermintes Gelände. Ist das noch ein Gag oder schon ein Fettnapf? Darf noch gelacht werden, oder ist schon Schluss mit lustig?

Ich erzählte kürzlich einer Journalistin von meiner Zeit im Jugendorchester. Der Musikdirektor war streng, denn fünfzig Kinder koordiniert man nicht mit Trallala. Wenn einer nicht übt, lässt er alle anderen hängen. Disziplin ist nervig, aber notwendig. Die Grundregel für alle lautete deswegen: Jeder sollte täglich üben und die Stücke aus dem Orchesterrepertoire beherrschen. Wer diese Regel nicht einhielt, bekam auch schon mal Oboenwasser ab. Das ist das Wasser, mit dem die Oboenspieler ihr Mundstück feucht halten. Diese Aktion sorgte jedes Mal für Heiterkeit im Orchester. Selbst bei mir, und ich bekam oft Oboenwasser ab. Ich finde es auch heute noch lustig, die Journalistin aber nicht. »Das sind ja schreckliche Methoden«, sagte sie und wollte wissen, was meine Eltern unternommen hatten. »Nichts natürlich«, sagte ich. »Also, ich hätte mein Kind sofort aus dem Orchester genommen«, fand sie und war ernsthaft besorgt. Ihr schien ein Fall von Misshandlung vorzuliegen, als sei ich im Kinderguantánamo gewesen, nicht im Orchester. Wir wechselten schnell das Thema.

Auf einer Geburtstagsfeier war auch ein Mann eingeladen, der beide Beine bei einem Autounfall verloren hatte und Prothesen trug. Alle vermieden, das anzusprechen, bis er irgendwann sagte: »Ja, wird langsam frisch, ich hol mir mal ein Paar Socken!« Gelacht haben da längst nicht alle.

Auf dem Cover des Volkshochschulheftchens einer mittelgroßen Stadt war eine fröhliche Frau im Bikini, die aus dieser Stadt kommt. Sie war deswegen so fröhlich, erfuhr man in einem Interview im Heft, weil sie endlich ihr Wunschgewicht erreicht hatte. Seit Jahren versuchte sie erfolglos abzunehmen. Jetzt, durch einen VHS-Kurs, hatte sie dreißig Kilo weniger auf den Hüften und traute sich endlich wieder in einen Bikini. Sie war stolz und wollte ihre neue Figur am liebsten der ganzen Welt zeigen, sagte sie. Die örtliche VHS sah in ihr die perfekte Werbeträgerin. Einen Tag nach Erscheinen des neuen Programmhefts trudelten die ersten Beschwerden ein. Auf der sonst spärlich besuchten Internetseite häuften sich die Kommentare. Zahlreiche Bürger*innen beschwerten sich. Sexistisch fanden sie das Cover. Die Frau im Bikini zu zeigen sei eine Unverschämtheit und würde die Emanzipation um Jahre zurückwerfen.

Um sicherzugehen, dass Sie in diesem Buch womöglich nicht einfach kreuz und quer durch den Garten lachen, sondern nur an den richtigen Stellen, verpflichtet mich der Deutsche Humor Verband (DHV), hier einen kurzen Test einzubauen.

Kreuzen Sie Zutreffendes bitte an.

1. Darf man über Frauen lachen?
A) Ja
B) Nein
C) Nur, wenn sie nicht vorher Männer waren. Dann sind sie eine geschützte Minderheit und nicht lustig.

2. Darf man über Männer lachen?
A) Ja
B) Nein
C) Nur, wenn sie nicht schwul, schwarz oder sonst wie benachteiligt sind.

3. Darf man über Schwule lachen?
A) Ja
B) Nein
C) Nur, wenn sie sich besonders tuntig verhalten.

4. Ist der Begriff »tuntig« an sich nicht schon despektierlich?
A) Ja
B) Nein
C) Hallöchen!?

5. Darf man über Ausländer lachen?
A) Ja
B) Nein
C) Nur über Franzosen, Engländer, Amis oder Schweden. Nicht über Türken, Araber und andere Neger.

6. Darf man heute noch Neger sagen?
A) Nein

7. Darf man noch über alte Bill-Cosby-Gags lachen, auch wenn er vermutlich Frauen vor dem Sex unter Drogen gesetzt hat?
A) Ja
B) Nein
C) Nur, wenn man erwähnt, dass auch Kant, Picasso oder Miles Davis Frauen scheiße behandelt haben.

8. Was ist mit Kleinwüchsigen?
A) Ja
B) Nein
C) Wir haben alle mal klein angefangen.

Falls Sie überwiegend A) angekreuzt haben, können Sie beruhigt weiterlesen. Sollten Sie überwiegend B) angekreuzt haben, dann legen Sie das Buch jetzt weg. Das ist nichts für Sie. Haben Sie sich überwiegend für C) entschieden, haben Sie den Test nicht verstanden.

27
VOM GIGGELN UND GACKERN –
EIN AUSFLUG INS WEIBLICHE
LACHARSENAL

Für viele Männer ist eine lustige Frau immer noch wie ein veganes Mettbrötchen. Etwas, das es nicht gibt und das auch keiner braucht. Kein Mann sucht in einer Kleinanzeige nach einer Frau, die ihn zum Lachen bringt. Männer wollen selbst lustig sein, die Frau ist da eher als Publikum vorgesehen. Soziologen definieren Lachen als einen kurzzeitigen Kontrollverlust. Wer andere zum Lachen bringt, hat – wenigstens für die Dauer des Gags – die Macht über sie. Auch das ist ein eher männliches Ziel. Männer finden, Frauen sollen lachen, aber selbst nicht lustig sein. »Die Dame halte sich bei Tisch mit der Darbietung von Scherzen zurück«, hieß es noch in den Sechzigerjahren in den Etikettefibeln, und bis heute findet man im Karneval, der spießigsten deutschen Humorveranstaltung, auf der Bühne so viele Frauen wie in Putins Regierung. Klar, im Fernsehen und auf Bühnen gibt es mittlerweile auch Komikerinnen, Kabarettistinnen und lustige Schauspielerinnen, aber nach wie vor doch eher so, wie es auch Frauen im Fußball gibt. Also, Männer dominieren das Spiel, denn sie haben es erfunden, die Regeln gemacht und sind nach wie vor die Bestimmer. Frauen sind dabei, spielen aber nach den alten Regeln.

Während man nach der Siebziger-Jahre-Frauenbewegung

Wert darauf legte, dass Männer auch mal weinen, hat sich meines Wissens bislang noch niemand dafür eingesetzt, dass Männer auch mal lachen. Über Frauen. Also nicht im Sinne von: Kommt 'ne Frau zum Arzt: »Herr Doktor, ich hab' n' Knoten in der Brust« – »Mein Gott, wer macht denn so was?«, sondern im guten Sinne. Die Frauen machen die Witze, die Männer lachen drüber. Und das nicht nur auf Bühnen oder im Fernsehen, sondern im Leben. Den Männern fehlt dafür aber das Lachspektrum. Männer haben traditionell nur wenige Lachvarianten. Sie lachen meist mit einem dröhnenden »Hahaha«, so, wie Hunde das Bein heben, als Zeichen von »Hier ist mein Revier, hier lache ich«. Im Kabarett lacht der akademisch vorgebildete Mann auch schon mal »Hohoho«, wenn vorne einer einen Witz mit Hitler, Merkel oder der Dritten Welt gemacht hat, im Sinne von »Darf man eigentlich nicht drüber lachen, mach' ich aber trotzdem«, um zu zeigen, dass er die *Süddeutsche* gelesen und verstanden hat. Aber das war's auch schon an Varianten. Frauen dagegen haben ein regelrechtes Lacharsenal. Zum Beispiel:

DAS TEENIE-KICHERN

Ein Gibbeln, das vornehmlich in Gruppen von jungen Mädchen vorzufinden ist. Gerne hinter vorgehaltenen Händen, ein klassisches »Gnihihihi«, nach Sätzen wie »Boah, guck mal, was der Sandro für 'ne Hose anhat«, »Ey, ich hab voll das peinliche Bild von mir gemacht« oder auch einfach »Heute ist Donnerstag«. In einem gewissen Alter sind Telefonieren und Kichern die Hauptbeschäftigungen von Mädchen. Nach der Pubertät verschwindet das Teenie-Kichern, kann aber bei erwachsenen Frauen durch zwei, drei Runden Prosecco oder einen Kegelausflug wiederbelebt werden. Oder auch im Falle von akutem Hormonzirkus, heißt dann aber:

DAS VERLIEBTHEITSLACHEN

Unter Einfluss der Liebe verwandeln sich Frauen wieder zurück in Teenies, brauchen jetzt aber keine anderen Frauen mehr zum Kichern, sondern können das in diesem Fall auch alleine oder in Anwesenheit des betreffenden Mannes. Die ganze gute Laune muss schließlich irgendwo hin. Verliebtheitslachen in Anwesenheit des Mannes geht oft einher mit einem spielerischen Haareschütteln, Kopfzurückwerfen oder wenigstens Schräglegen, und es klingt wie ein keimfreies »Hahaha«, also quasi einem durch Felsquellwasser und *Sagrotan* gereinigten Echo des klassischen Männerlachens. Es zeigt dem Mann auf geräuschvoll angenehme Art und Weise »Junge, du hast alles richtig gemacht, ich schüttle mein Haar für dich, ich strahle dich an, ich halte dich für die größte Errungenschaft seit kalorienreduzierter Mayonnaise«. Es wirkt mitunter ein wenig grenzdebil, macht aber andererseits auch oft neidisch. Man will automatisch auch noch mal so verliebt sein. Die deutlich weniger beneidenswerte Variante davon ist:

DER VERLEGENHEITSLACHER

Ein kleiner Auflacher am Ende eines Satzes. Ein kurzes »He«, etwas, das Frauen automatisch machen, um zu zeigen, »Ich bin harmlos, ich will nur spielen, ich möchte niemandem auf die Nerven gehen, seid bitte nett zu mir«. Der Verlegenheitslacher ist wie Schluckauf. Wenn man ihn einmal hat, geht er nur schwer wieder weg. »Ich hätte bitte gerne eine Apfelsaftschorle ... hehe!« Von der Grundhaltung trifft man diesen Lacher oft bei Frauen mit mangelndem Selbstbewusstsein, die heimlich davon ausgehen, dass ihnen jederzeit das Wahlrecht, das Recht auf Existenz oder auf Apfelschorle wieder weggenommen werden kann ...

DER KÜNSTLICHE LACHER

Oder auch der Angestellten-Lacher, in früheren Zeiten auch Palastgelächter genannt. Die Länge des Lachers ist abhängig vom Talent des Lachenden und der Wichtigkeit desjenigen, der den Witz gemacht hat. Wenn der Chef einen mäßig amüsanten Kracher rausgehauen hat, über den er sich selbst aber freut wie Bolle in Pankow, dann lachen abhängig Beschäftigte gern ein »Hähähä« hinterher. Frauen machen das auch, wenn es ein Mann beim ersten Date mit einer vermeintlichen Witzigkeit probiert hat, aber sie zu höflich sind, um so zu tun, als hätte ein kurzzeitiger Hörsturz verhindert, die müde Pointe überhaupt wahrzunehmen. Den künstlichen Lacher kann man auch sehr gut im Fernsehen oder Hörfunk beobachten. In einer Doppelmoderation belacht die Frau nämlich in der Regel noch schnell den letzten Satz des Mannes, bevor sie einen eigenen anfängt. »Also, Michelle, heute fühle ich mich, als könnte ich Bäume ausreißen, also kleine Bäume … oder ich fang besser erst mal mit Gras an, das krieg ich hin.« – »Hähä, ja, Thomas, das trau ich dir auch zu … und unser nächstes Thema ist die Finanzkrise.« Das kleine »Hähä« ist das akustische Signal für »Warum kannst du nicht einfach mal nichts sagen«, aber in nett. So was könnten sich Männer ruhig auch mal angewöhnen.

DAS TONLOSE LUFT-NACH-INNEN-SAUGEN-LACHEN

Das Luft-nach-innen-Saugen ist eine Art Schnappatmung, die Betroffene für ihre ganz eigene Art zu lachen halten. Stummes Lachen ist wie ein blinder Wachhund. Irgendwie falsch und sinnlos. Ein Lachen, das nicht ansteckt, ein Lachen das wirkt wie: bestimmt lustig, wenn man dabei gewesen wäre. Zu diesem Lachen gibt es auch eine männliche Variante. Die hat sogar Ton. Zumindest ein bisschen. Der kommt stoßweise und ist häufig nicht von Hechelgeräuschen während einer Geburt zu unterscheiden …

DAS ECHTE LACHEN

Echtes Lachen ist wie New York: laut, hässlich, oft nervig und trotzdem einzigartig und schön. Es kann andere mitreißen und aus einem trüben Tag ein Highlight machen. Es kann entwaffnen und verbinden, es ist so individuell wie ein Fingerabdruck, und es kann süchtig machen. Echtes Lachen ist weder männlich noch weiblich, sondern zutiefst menschlich. Ich habe ja normalerweise eine Allergie gegen Kalendersprüche, aber den Satz »Jeder Tag, an dem du nicht lachst, ist ein verlorener Tag« könnte ich unterschreiben. Also, lachen Sie! Echt und reichlich! Auch wenn Sie ein Mann sind.

28
SEX-TÜV – EINE MÄNGELLISTE

Sex hat ein viel zu gutes Image. Wie Urlaub. Auch da denkt man meistens, das wird super, das macht Spaß, davon hab ich viel zu wenig. Wenn's dann so weit ist, ist das Hotel eine Baustelle, das Essen mau, im Meer sind Quallen, es regnet, man hat die falschen Sachen eingepackt und nach drei Stunden trotzdem einen Sonnenbrand. So ist es auch beim Sex. Jeder denkt, es wird super, und meistens wird es mittel. Immer platzt einem die Realität in die Illusion, so wie Mutti früher, wenn sie Kakao brachte, als niemand Durst hatte. Hier ist meine Top-5-Mängelliste:

1. UNGESCHICK-FICK

Ich will, er will, wir machen uns knutschend auf ins Schlafzimmer, und er semmelt seine Füße mit Schmackes an die Füße vom Bett. Ein Zeh wird blau, er muss sich setzen, ich muss Eis holen, wir müssen uns vertagen.

Oder er bekommt die Hose nicht aus. Hüpft wie ein rheumatischer Tanzbär von einem Bein aufs andere. Er hat ein halbes Sixpack, nutzt ihm jetzt aber nichts, denn hüpfend, mit Jeans auf Halbmast, hat er die Erotik von Rammstein, die *Je t'aime* singen. Alles hat gut angefangen, und jetzt hängt er in der Hose fest. Daniel Craig braust im Jaguar davon und fährt direkt in den Stau. Uncool, ungeil. Dann hat er die Hose aus, aber die Socken noch an. Muss man Männern beibringen: erst die Socken, dann die Hose. Er hüpft wieder. Man braucht, bis man das Bild wieder aus dem Kopf hat – und die neue Bedeutung des Wortes »Sackhüpfen«.

Gilt aber umgekehrt auch. Röhrenhosen sind für Frauen keinen Deut besser. Man ist bereit, sich den Denim von den Beinen zu reißen – und scheitert. Frauen tragen mittlerweile Hosen, die so eng sind, dass sie aussehen wie Bodypainting. Ich hab eine akute Hüftbremse und plötzlich schwierige Oberschenkel. Designer sollten verpflichtet werden, ihre Klamotten auf Sextauglichkeit prüfen zu lassen. Ein Hinweis auf dem Waschzettel: »Handwäsche«, »nicht bleichen«, »in heiklen Momenten schlecht auszuziehen«. Es hat einen Grund, warum Stripperinnen nicht in Jeans auf die Bühne kommen.

Ich bin ein zappelnder Käfer, der auf dem Rücken liegt. Käfer paaren sich sehr selten. Kein Wunder.

2. FINGERFERTIG
DER KLASSIKER. DIE BH-KAPITULATION.
Er fummelt, fummelt und fummelt, als sei es kein BH, sondern ein Tresor mit Nummernschloss. Ich verdrehe hinter geschlossenen Augen die Augen. Wie schwer kann's denn sein? Es ist wie im Café, wenn man die Tagessuppe bestellt, die einfach nicht kommt, und plötzlich hat man keinen Hunger mehr. Vorne knutscht man weiter und tut höflich so, als würde einem hinten nichts auffallen. Es ist aber, zugegeben, eine Gratwanderung zwischen Anfänger und Angeber, also zwischen »leicht und lässig« und »wirkt so, als würde er jede Nacht vier von den Dingern aufmachen«.

NOCH EIN KLASSIKER. KONDOME. Die Dinger sind verlässlich nie da, wo man sie braucht. Sie liegen neben dem Bett, wir auf dem Teppich. Also muss einer los zum Bett. Von dort haben sie sich aber offenbar mit letzter Kraft weggeschleppt, denn da sind sie nicht mehr. Zehn Minuten später wird klar, dass seine Mutter bei ihrem letzten Besuch aufgeräumt und sie dorthin verfrachtet hat, wo man sie am seltensten braucht: ins Bad. Das Suchen und die Gedanken an seine Mutter wirken wie Anti-Viagra.

Wenn man sie findet, sind Kondome oft sperrig. Ich höre, die Kinder lernen den Gebrauch heute beizeiten mit Hilfe einer Banane. Leider hat der Mann an entscheidender Stelle eben keine Banane. Und auch keinen Bock auf Kondome. Er stellt sich an wie ein Fünfjähriger, der erst Spinat essen soll, bevor er ein Eis bekommt. Dabei sind Kondome das Einzige, was Männer aktiv zur Geburtenkontrolle beitragen können. »Ich pass schon auf« fällt nämlich nicht unter Verhütungsmittel. Kondomverweigerer sind deswegen eine Frechheit. Denn im Ernstfall, mein Freund, läuft es so: Ich werde schwanger, du findest das noch blöder als Kondome, aber das Problem ist jetzt ungleich größer. Wir haben plötzlich viel mehr miteinander zu tun, als wir dachten. Wir probieren es womöglich sogar miteinander, finden es beide so mittel, trennen uns noch im ersten Jahr, weil's doch richtig anstrengend ist mit dem Kind, was ich dann alleine großziehe, während du drei Monate später bei Facebook ein Bild postest, mit deiner neuen Freundin, die dich aber so vereinnahmt, dass du keinen Unterhalt zahlen kannst. Hm, irgendwie ist die Stimmung jetzt im Keller.

3. LOSER-LOCATIONS

DIE DUSCHE ZUM BEISPIEL. Sah in einem Film mal spannend aus. Man braucht in der Realität aber Noppen an den Füßen, sonst rutscht man schnell weg. Sex mit einem Tintenfisch wäre hier machbar, aber aus anderen Gründen wieder schwierig. Man hat wahlweise die Armaturen im Rücken oder die kalten Kacheln, der Conditioner kippt um, die Duschstange ist nicht für mein Gewicht ausgelegt. Der Mann auch nicht. Ich bin zu schwer. Jetzt bin ich also dick und habe keinen Conditioner mehr. Zwei Stimmungskiller.

DER TEPPICH ZUM BEISPIEL.   Man muss sich entscheiden zwischen verbrannten Knien und aufgescheuertem Steißbein. Das Stöhnen ist bei beiden nur getarnter Schmerz. Mein Blick fällt unter die Couch. Zum ersten Mal seit langer Zeit. Hier muss mal wieder gesaugt werden. Ach, guck, da liegt der Ohrring, den ich schon so lange gesucht habe. Aua. Steißbein. Wir spiegeln uns in der Kommode. Es sieht blöd aus. Es fühlt sich an, als hätten wir Sex auf einem ABC-Pflaster.

EIN KLO ZUM BEISPIEL.   Das des netten kleinen Bistros im Urlaub. Es liegt mit dem Fenster zum Hinterhof, und da steht auch die Mülltonne, in der die Fischabfälle entsorgt werden, wie wir merken. Was wir auch merken: Man kann vom gegenüberliegenden Haus reingucken. Es muss das Kinderzimmer sein, denn ein paar Neunjährige winken und feuern uns an. Draußen klopft jetzt jemand an die Tür und hat es eilig. Bei Kim Basinger im Film war das irgendwie besser geregelt …

4. OH, WIE IST DAS STÖHN

Männer sind entweder Cowboys oder Indianer. Letztere schleichen sich leise an, sagen dann einmal »Howgh« und sind fertig. Kann völlig unvermittelt passieren. Ich hab's auch schon verpasst, weil's so schnell und geräuschlos ging. Es ist, wie im falschen Kino zu sitzen. Man erwartet einen lauten Action-Kracher mit Überlänge, erlebt aber einen kurzen Stummfilm. Die

Cowboys dagegen sind die ganze Zeit laut. »Ja, ja, ja«, sagen sie oder auch so was wie: »Ohjageil!« Wie Fußballreporter, die wiederholen, was alle schon sehen. »Jetzt zeigt der Schiedsrichter ihm die gelbe Karte«, wenn der Schiedsrichter ihm die gelbe Karte zeigt. Männer stöhnen auch gern: »Oh, jetzt komm ich gleich.« Sie kündigen es an wie etwas sehr Großes. Als erwarteten sie einen Tusch, eine Parade, Konfetti oder wenigstens Applaus. Frauen stöhnen eher durchgehend und laut, wie im Hechelkurs. Ich hab rumgefragt. Dabei ist es ja nicht so, dass man das unbedingt machen müsste. Es gehört eher dazu, so wie Rockgitarristen beim Solo immer die Augen schließen und das Gesicht verziehen müssen. Man kann natürlich auch verhalten und ruhig sein. So wie mit sechzehn. Da bestand der Soundtrack zum Sex eher aus Raufgeräuschen.

Die Kombination aus den Punkten drei und vier ist übrigens Sex im Hotelzimmer. Den die Nachbarn haben, die klingen, als wollten sie einen Porno synchronisieren. Besonders doof, wenn man zu zweit daliegt und nur Room Service will oder lieber schlafen. Als würde man sich direkt neben Jamie Oliver ein Butterbrot schmieren.

5. TEXT BEIM SEX
Reden ist durchaus nicht immer Silber. Es kann oft auch Blech sein. Gerade im Bett. Beim Sex alle möglichen Tiere aufzuzählen, finde ich nicht hilfreich. »Du Sau, du Stute« usw. Immer schon vorwegzunehmen, was demnächst passieren wird, ist auch grenzwertig. »Ich werd dir gleich die Sachen vom Leib reißen ...« Das ist, wie vor dem Film den Trailer zum Film zu gucken. Außerdem fällt es mir schwer zu verdrängen, dass man anschließend oft wieder ganz normalen Alltag verhandeln

muss. Gerade noch: »Komm her, du, ich besorg's dir tierisch«, und dann: »Sag mal, haben wir noch Gouda?«

Andere Sätze, die beim Sex nicht fallen sollten:

- »Meine Exfreundin fand das immer super.«
- »Vielleicht sollte ich damit noch mal zum Arzt.«
- »'n Bewegungsmelder hätte bei dir aber auch nichts zu tun.«
- »Vielleicht machen wir das Licht doch lieber aus.«
- »Warte mal, ich hol eben mein Handy.«
- »Pass doch auf! Ich hab das Bett grad frisch bezogen!«
- »Brauchst du noch lange?«

EPILOG

Ich fahre mit meiner Freundin Marie auf der Autobahn. Sie sitzt am Steuer, redet mehr, als dass sie fährt und bemerkt deshalb auch das Ende eines Staus nicht. Ich schreie, sie bremst. So machen wir das immer, wenn wir Auto fahren. Sie tritt in die Pedale, verzieht dabei das Gesicht und schreit auch, und zwar: »Aua!!«

»Was ist?«, frage ich beunruhigt.

»Ich hab Muskelkater.«

»Wovon denn? Du machst doch gar keinen Sport.«

»Vom Sex.«

Wir sind seit zehn Jahren befreundet, und über Muskelkater vom Sex haben wir noch nie gesprochen.

»Danke«, sage ich, »ich dachte schon, ich wär die Einzige, die das hat.«

»Du hast das auch? Das ist ja beruhigend.«

Danach stehen wir schweigend im Stau.

Abgesehen von alldem ist Sex natürlich aber eine feine Sache.

29
DUMMDIDUMM – FRAUEN IN PORNOS

Eine gute Möglichkeit, herauszufinden, wie es um die Beziehung steht, ist die Frage:»Na, Schatz, kann ich mal an deinen Computer?« Faustregel: Die Länge der Pause bis zur Antwort geteilt durch die Länge der Beziehung ergibt den Grad des Vertrauens. Hand aufs Herz: Wie groß sind die Chancen, dass der Partner nicht doch mal neugierig in den Browserverlauf guckt? Es ist schließlich kein Tagebuch. Also überlegt man, wann man zuletzt seinen Browserverlauf gelöscht hat oder wie man ihn jetzt schnell doch noch unauffällig löschen könnte oder wie verdächtig man sich macht, wenn man einen komplett gelöschten Browserverlauf hat. Man panikt, wie anders man vielleicht plötzlich eingeschätzt wird, wenn der Browserverlauf stichwortartig lautet:»Spiegel Online«,»Schuhe«,»Schuhe«,»Schuhe«, »Schuhe«,»Schuhe«,»Ryan Gosling hot« und wann man sich zuletzt selbst gegoogelt hat.

Früher war die Frage»Na, Schatz, wo warst du heute?« völlig harmlos. Man konnte sich jederzeit einen Tagesablauf erfinden, konnte Dinge weglassen oder einfach sagen»Nirgends«. Heute ist auf die Minute genau nachvollziehbar, wie lange man sich für»Katzen, die aussehen wie Hitler« interessiert hat, für »Beautytricks aus Hollywood, die Sie zehn Jahre jünger wirken lassen« oder für das Video vom »rührendsten Heiratsantrag aller Zeiten«. Das ist eine sehr gute Vorbereitung auf den Tag, an dem man von Gott mit dem Browserverlauf seines Lebens konfrontiert wird, und er sagt: »Du hast in den letzten zehn Jahren insgesamt elf Monate am Stück im Internet verbracht. Willst du mir das erklären?«

Die verschärfte Form dieses Tests ist ein gemeinsamer Besuch auf einer Pornoseite. Legen Sie sich einfach mal an einem verregneten Sonntagnachmittag zusammen mit Ihrem Partner und einem Laptop auf die Couch, rufen Sie eine dieser Seiten auf und sagen: »Na, Schatz, was gefällt dir?« Das kann der Moment sein, an dem Sie die gesamte Beziehung anzweifeln und sich fragen, mit welchem perversen Soziopathen Sie die letzten Jahre verbracht haben. Unter Umständen lernen Sie auch einfach nur ganz neue Facetten an Ihrem Partner kennen. Zum Beispiel, wenn er einzelne Ladyboys mit Vornamen kennt oder vier von fünf Fachbegriffen für doch eher abseitige Sexualpraktiken richtig zuordnen kann.

Früher, als es noch DVDs gab, bemühte man sich um ganze, abendfüllende Spielfilme, in denen so eine Art Handlung angedeutet wurde. Eine einsame, unterbeschäftigte Hausfrau, der die Spülmaschine verreckt war, bestellte einen Handwerker, der überraschenderweise unter seinem Blaumann nackt war, und dem sie erst einen Kaffee und dann sich selbst anbot, so lange, bis der Postbote zweimal klingelte, der überraschenderweise unter seiner Uniform nackt war. Die Angebote für »weibliche« Pornos, also Filme, in denen Frauen nicht nur mitspielen, sondern die auch von Frauen geguckt werden, waren rar. Heute sind sie teilweise Mainstream. *Fifty Shades of Grey* zeigt, dass Die Ärzte recht hatten, und Frauen offenbar manchmal ein kleines bisschen Haue gern haben. Filme wie *Magic Mike XXL* zeigen hochauflösend, dass auch Frauen oberflächliche Interessen haben, in diesem Falle offensichtlich an männlichen Strippern. Und was machen die Männer? Auch auf den eher für sie gedachten Internetseiten hat sich was getan. Es geht immer noch um Handlung, allerdings nicht länger abendfüllend, sondern internetkompatibel reduziert auf ein paar Minuten. Es sind häufig »dokumentarisch« gehaltene Sequenzen, mit einem bemerkenswert schlichten Frauenbild …

So stellen sich die Macher offenbar den Alltag einer modernen, jungen Frau vor:

MONTAG Leute, was mir jetzt wieder passiert ist! Also, es gibt so ein Angebot für ein Casting. Voll die super Rolle und so. Was genau, sagt keiner, ist irgendwie wohl noch nicht klar, aber super. Auf jeden Fall super. Ist allerdings low-budget. Find ich nicht schlimm, sind oft die besten Sachen. Da fahr ich mal hin, denke ich. Im Castingbüro steht 'n Gummibaum, 'n Sofa, 'n Tisch und auch 'n Stativ mit 'ner Kamera. Kommt 'n Typ rein, ziemlich tätowiert und so, und sagt, ich soll mich mal vorstellen und ausziehen. Für die Rolle wär das wichtig. Ich so: »Häh, das hat mir aber keiner gesagt, vorher.« »Ja, Stefanie«, sagt er, »is aber so.« Wär mega entscheidend für die Rolle. Kann ja auch sein. Also, jetzt zum Beispiel, in *Titanic* muss sich die Kate Winslet auch ausziehen, und der Leo nicht, weil, Leo kann gut zeichnen, in dem Film, und zwar hauptsächlich Brüste, und wenn Kate jetzt keine hätte, wär der ganze Film im Arsch und die beiden bräuchten gar nicht mehr zu dem Eisberg fahren. Oder Angelina Jolie, die war auch viel nackt in Filmen. Bei *Lara Croft* zum Beispiel, wenn die da jetzt bloß Körbchengröße A hätte und 'n Hängearsch, dann würde ja kein Android auch nur einen Funken Respekt vor der haben. Also, ist schon klar, dass man sich für eine echte Filmkarriere als Frau ausziehen muss. Hab ich dann auch gemacht, und damit ich mir nackt nicht so blöd vorkomme, hat der Typ sich auch ausgezogen. Fand ich nett von ihm. Hab ich ihm auch gesagt, und da meinte der, ich soll ihm gleich mal einen blasen. Für die Rolle wär das wichtig. Kann natürlich sein. Als Frau lebst du ja im Film von erotischer Ausstrahlung. Wenn du da verklemmt rüberkommst, ist es blöd für den Film. Er hat mich dann über die Couch gelegt, und wir hatten Sex. So ist das im Showgeschäft. Dann ist ihm aufgefallen, dass es von der Kamera her wohl nicht so gut war, er meinte, dass wir alles noch mal machen müssten. Er hat einen Kumpel von sich dazugeholt, damit er selbst sich komplett aufs Filmen konzentrieren konnte. Das fand ich ziemlich professionell. Der Kumpel hatte gleich von Anfang an keine Hose an, war eben ein Low-Budget-Film, das hatten die ja vorweg schon gesagt. Der Kumpel war jetzt eher blöd, aber wir hatten trotzdem Sex, weil, Schauspielerei hat ja auch was damit zu tun, anderen etwas vorzuspielen. Am Ende hab ich die Rolle nicht bekommen. Ich wär grottenschlecht, haben die beiden gesagt.

DIENSTAG Das war schon wieder ganz schön crazy heute. Ich geh alleine bummeln, so dummdidumm, wie man das so macht in meinem Alter, und plötzlich spricht mich 'n Typ an. Was 'n bisschen abgefahren war: Der hatte 'ne Kamera in der Hand, aber ich hab mir nichts dabei gedacht. Heute filmen Leute ja alles Mögliche. Ihr Essen oder wenn sie zum Beispiel 'n iPhone gekauft haben, dann filmen die sich, wie sie das auspacken. Einfach wie sie 'n Telefon auspacken. »Hier ist der Ladekabel, voll gut, und hier der Garantiezettel auf Japanisch, super«, solche Sachen. Deswegen fand ich's nicht so mega seltsam, und auch nicht, dass der Typ meinte, ob ich Bock hätte, fünfzig Euro zu verdienen. Wie denn?, hab ich gefragt, aber er meinte, für Details hätte er keine Zeit, er hätte nur fünfzig Euro. Die hatte er wirklich, ich hab sie gesehen. War also schon mal kein

Lügner. Jetzt dachte ich, fünfzig Euro haben und nicht haben sind schon hundert, und dafür kann ich beim Primark 'ne ganze Etage kaufen, also sag ich, ja gut, mach ich. Er meinte, sein Auto steht gleich um die Ecke, auf'm Parkplatz, und das stimmte, da stand wirklich sein Auto. Wusste ich also, dass er echt kein Lügner war. Das war ja schon mal cool. Im Auto meinte er dann, für die fünfzig Euro sollte ich ihm einen blasen. Fand ich überraschend, aber zum Nachfragen war keine Zeit, weil, er hatte schon die Hose auf. Ich hab kurz nachgedacht, das dauert ja nicht lange, also, das Blasen jetzt, nicht das Denken, und wenn man sich mal überlegt, was man zum Beispiel verdient, wenn man bei Primark arbeitet oder bei McDonald's, dann sind fünfzig Euro eigentlich voll das faire Angebot. Ich wär sonst eh bloß durch die Stadt gelaufen und hätte womöglich sogar Geld ausgegeben. Hab ich's also gemacht. Blöd war, dass er mir das Geld dann doch nicht gegeben hat. Obwohl ja alles gefilmt worden war. Schon krass. Er hat mich bloß ausgelacht und gesagt, ich soll mich verpissen. Das zeigt mal wieder, als Mädchen bist du immer der Dumme …

MITTWOCH Jetzt hatte ich mich heute auf eine Stelle beworben. In ein Büro. Als Bürofachfraukraft. Es war gar nicht richtig klar, was für ein Büro das war, aber das ist ja heute oft so. Bei Evonik weiß man ja auch nicht, was die machen, außer die Trikots für Borussia Dortmund. Das Büro sah erst mal ganz normal aus, 'n Gummibaum, 'n Sofa, 'n Tisch und auch 'n Stativ mit 'ner Kamera. Das hat mich ein bisschen überrascht, aber heute ist es ja auch normal, dass Arbeitgeber sich erst mal zum Beispiel die Facebook-Seiten von Bewerbern angucken. Und Promis wie Lena Meyer-Landrut und andere haben eigene YouTube-Kanäle und filmen dauernd, was sie so machen. Essen, irgendwo hinfahren, sich schminken und so. Irgendwie filmt jeder heute alles, deswegen hab ich mir nichts dabei gedacht. Der Chef war noch relativ jung und wollte gar nicht wissen, was ich bislang so gemacht hab, das fand ich ganz cool. Er wollte nur wissen, wie ich heiße, und meinte dann, dass eine mit meinem Namen ihm ruhig mal einen blasen könnte. Jetzt wusste ich nicht genau, was das mit dem Job zu tun hatte, aber andererseits, ist es ja oft so, dass nackte oder halbnackte Mädchen für einen neuen BMW werben, für Bier, Bodenbeläge oder den Schwarzwald, obwohl Frauen inhaltlich gar nichts damit zu tun haben und schon gar nicht nackte. Sogar für Fischbrötchen von Nordsee wurde mit einer nackten Frau geworben, deswegen dachte ich, hat das bestimmt seine Richtigkeit. Ich meine, bei *Topmodel* oder in den ganzen Musikvideos sind die Mädchen ja auch immer halbnackt, das ist einfach so. Das ist ganz normal. Am Ende hab ich den Job aber doch nicht bekommen. Ich soll mich bloß nicht mehr blicken lassen, hieß es.

DONNERSTAG Voll crazy. Heute hab ich in einer Kneipe einen Typen getroffen, der meinte, er kennt mich. Ich meinte, nee, kann nicht sein, aber er meinte, doch, er kennt mich aus dem Internet. Von einer Pornoseite. Ich so: »Häh? Nee!« Und er so: »Doch, Stefanie!« Und was soll ich sagen? Hat er recht gehabt. Er hat mir ein paar Seiten gezeigt mit so Casting-Videos, und da war ich dabei, aber tausend andere auch. War ich ganz beruhigt, weil, war ich gar nicht die Einzige gewesen, die beim Casten Sex hatte. Auch die Sache mit dem Geld in der Fußgängerzone passiert praktisch wohl jeder, die nicht gleich total scheiße aussieht, da gibt's auch tausend Filmchen, genauso wie von den Bewerbungen. Immer ist es irgendwie so, dass die Frauen am Ende voll verarscht werden. Ich hab den Typen aus der Kneipe gefragt, ob das nicht irgendwie dazu führt, dass Männer vielleicht 'n bisschen komisches Bild von Frauen haben. So in dem Sinn, dass wir voll die Opfer wär'n. Aber er meinte, das wär Quatsch, das wär'n bloß so Phantasien von

Männern. Das wär auch wissenschaftlich belegt und ob ich ihm jetzt einen blasen würde. Er hätte keine Kamera und so, aber er würde mir dafür auch ein Bier ausgeben. Hab ich ihm gesagt, nee, sorry, jetzt ist grad schlecht, weil ich muss nach Hause. Da wollte er sich dann für den nächsten Tag verabreden, so richtig mit Date und so. Das fand ich voll süß irgendwie. War ich schon 'n bisschen verliebt. Sind eben doch nicht alle Männer gleich.

30
NACKIG FÜR DEN GUTEN ZWECK

Unter den guten Menschen sind Frauen meist die besseren. Von Walter Scheel als Bundespräsident blieb *Hoch auf dem gelben Wagen*, von seiner Frau die Deutsche Krebshilfe, Carl Carstens kümmerte sich ums Wandern, seine Frau um das Müttergenesungswerk. Während Prince Charles seine Camilla sattelte, um der Fuchsjagd nachzugehen, flog Lady Di um die Welt und räumte Landminen weg. Daniel Radcliffe war nach *Harry Potter* hauptsächlich mit seinem Image beschäftigt, Emma Watson startete eine UN-Kampagne für mehr Gleichberechtigung. Bill Gates gründete Microsoft, seine Frau eine Stiftung, die versucht, weltweit Krankheiten auszurotten. Männer kümmern sich ums Geschäft, Frauen ums Gewissen.

Als Frau, die ab und an aus dem Fernseher guckt, werde auch ich deswegen häufig gefragt, ob ich mich nicht mal engagieren möchte. Auf der Welt ist viel im Argen, man hat reichlich Auswahl. Tierschutz zum Beispiel. Man kann sich für PETA fotografieren lassen. Es ist im Prinzip dasselbe wie im Playboy, denn man ist nackt, aber es ist für den guten Zweck, deswegen ist es nur schwarzweiß. Femen ist ohne Fotos, aber auch mit ausziehen. Bei denen wechselt der Zweck mitunter, ist häufig aber unterstützenswert. Bäuerinnen, Studentinnen und andere prekäre Randgruppen ziehen sich für Kalender aus, um Aufmerksamkeit für ihre Lage zu bekommen. Erotik und Engagement hängen bei Frauen also offenbar so zusammen wie Currywurst und Pommes. Wie komme ich jetzt auf diesen Vergleich? Richtig, ich fühle mich meist zu dick für jegliche Form von Nackt-Benefiz. Hüllenlos wäre ich eher Werbung für die Weight Watchers als für die Welthungerhilfe. Ein ausgezogenes Engagement gegen den Welthunger könnte man mir leicht als Zynismus auslegen. Gerade beim Helfen nehmen es alle nämlich sehr genau. Der Deutsche gibt, ohne mit der Wimper zu zucken, 40 000 Euro für sein Auto aus, aber fragt man ihn nach 40 Euro für den guten Zweck, heißt es: Kommt das Geld überhaupt bei den Bedürftigen an?

Ich bin auch so. Ich soll einem Tierheim Fressen spenden und bin skeptisch, weil die auch Kampfhunde nehmen. Ich soll eine meiner Taschen hergeben, die dann mit Blumen bepflanzt wird, um Spenden für syrische Flüchtlinge zu bringen, und denke, ah, Mensch, die Tasche hab ich doch immer mit zum Einkaufen genommen, wär schon blöd, wenn die weg wär! Ich soll bei einem Spendenmarathon gegen Krebs mitmachen und sage zu, bis ich merke, dass die einen echten, richtigen Marathon meinen, mit Laufen und so. Da müsste ich ja erst mal trainieren, und dafür hab ich wirklich keine Zeit. Sorry Krebs! Ich soll für fair gehandelten Kaffee werben, aus Überzeugung, das heißt also umsonst, und sehe, dass gleichzeitig Joko und Klaas für Limonade werben, gegen Geld. Ich bekomme eine Anfrage für ein Foto-Projekt, bei dem ich mich für staatliche Förderung von Kultur engagieren würde. Viele prominente Unterstützer gibt es schon. Sie haben sich alle fotografieren lassen. Die Fotos sind schrecklich. Promis, die eigentlich völlig normal aussehen, wirken auf diesen Bildern wie abgelehnte Dinosaurier-Statisten bei *Jurassic Park III*. Manche haben mehr Runzeln als eine

Tropfkerze, manche haben Cellulite im Gesicht, andere Poren wie eine Orange. Vielleicht muss staatlich geförderte Kultur so aussehen. Oder der Fotograf ist blind. So was soll es ja geben. Ich möchte jedenfalls diese Art Fotos von mir nicht fördern und sage ab. Unter fadenscheinigsten Begründungen. Mein Kalender ist so voll wie früher Harald Juhnke, schreibe ich, und hoffe, man nimmt es mir nicht übel. Meine Eitelkeit ist größer als mein Interesse an Kultur. Uneitelkeit wird ja immer sehr gelobt. Aber meist von Leuten, die es sich leisten können. Also reichen, alten Männern, bei denen es nie auf Optik ankam. Früher dachte ich, Marlene Dietrich hätte nicht mehr alle Latten am Zaun, weil sie jedes Foto von sich kontrollieren wollte, heute würde ich mich jederzeit für ein Marlene-Dietrich-Memorial fotografieren lassen. Vorausgesetzt, der Fotograf ist gut. Ich fühle mich schrecklich wegen alldem. Ein wiederkehrender Albtraum geht so:

In einer Behindertenwerkstatt, wo man Investitionen wirklich gut brauchen könnte, haben sich alle Behinderten vor dem Fernseher versammelt, denn ich spiele heute für sie beim Prominenten-*Wer wird Millionär?*. Ich sitze da und antworte mich tapfer durch bis zur 125 000-Euro-Frage. Dabei geht es um was mit Kultur. Die richtige Antwort wäre wie immer Goethe, und alle Behinderten wissen das, ich dagegen weiß es nicht. Ich nehme den Telefonjoker und rufe Roger Willemsen an, dem Goethe als Antwort aber zu popelig ist und der deswegen einen längst vergessenen ungarischen Dichter nennt, der gar nicht zur Auswahl steht. Während die Behinderten sich die Haare raufen, wie doof man eigentlich sein kann, und seit geraumer Zeit abwechselnd »Goethe« und »Nimm A, du Kuh!« in den Fernseher brüllen, entscheide ich mich für B wie Bauerfeind, was auch Günther Jauch als Begründung etwas mau findet. Anschließend falle ich zurück auf fünfzig Euro und werde schweißgebadet wach.

Dann fällt mir auf, dass das alles nicht unbedingt mein Fehler ist. Wenn RTL vier Promis einlädt, die alle theoretisch eine Million erspielen können, bedeutet das ja, dass die Kohle da ist und wegkönnte. Der Sender könnte also einfach vier Millionen überweisen und anschließend meinetwegen immer noch gucken, wie viel ich weiß, um sein Programm vollzukriegen. Stattdessen machen die Verantwortlichen ihre Spendenwilligkeit von mir abhängig, so, als könnten die Behinderten etwas dafür, wenn ich Goethe nicht gelesen habe. Der Fehler liegt also eigentlich im System und nicht bei mir. Mir scheint, dass das häufiger so ist und die engagierten Frauen am Ende nur als Alibi dienen. Vermutlich sind die meisten Kürschner männlich, genau wie die meisten Designer, das heißt, die Kohle mit den Pelzen wird bei den Männern verdient, während sich die Frauen für die Tiere engagieren. Ja, ja, lesen Sie das ruhig als Kapitalismuskritik und lesen Sie vor allem Goethe. Ich kann Ihnen aus eigener Erfahrung sagen, dass es wirklich ein blödes Gefühl ist, nicht zu wissen, von wem die *Wahlverwandtschaften* sind.

31
FUCK-YOU-MONEY ODER MEINE LUXUS-ARSCHIGKEIT

Manchmal kann man von Männern auch was lernen. Zum Beispiel den Begriff »Fuck-you-Money«. Diesen Begriff hat hundertprozentig ein Mann erfunden. Er bezieht sich auf Geld, das man bereit ist auszugeben, um anderen den Mittelfinger zu zeigen. Es hat keinen anderen Zweck. Man kauft damit nichts, man legt es nicht produktiv an, man gönnt sich einfach nur das Gefühl zu sagen: Leckt mich am Arsch!

Ich löse zum Beispiel an Parkautomaten keine Tickets mehr. Ich parke einfach da, wo ich Bock habe. Ich parke, steige aus und gehe weg. Ich würde zahlen, wenn ich das Gefühl hätte, zwischen der Stadt und mir gäbe es ein Geben und Nehmen. Die Stadt gibt Parkplätze, und nimmt dafür Gebühren. Das wäre fair. Mittlerweile ist es aber so, dass die Stadt nur noch nimmt: Sie nimmt Parkplätze weg und dafür aber höhere Strafgebühren fürs Falschparken. In Köln zum Beispiel kommen 3000 Parkplätze auf eine Million Einwohner. Das geht rechnerisch schlecht auf. Selbst wenn, sagen wir, ein Smart noch in einem SUV parkt. Dafür kosten die knappen Parkplätze zwei Euro für zwanzig Minuten. In einem realistischen Monopoly wäre das Teuerste heute nicht die Schlossallee, sondern der Parkplatz. Und das sehe ich nicht ein. Klar, die Stadt ist blank, aber es wäre würdevoller, der Oberbürgermeister würde täglich mit dem Hut rumgehen. Geld über Parkplätze reinholen zu wollen ist irgendwie erbärmlich: Die brauchen Kohle, tun aber so, als hätte ich was falsch gemacht. Die bauen auch keine Radwege, kassieren mich aber ab, wenn ich auf dem Fußgängerweg fahre.

Deswegen ziehe ich keine Tickets mehr. Wie oft hatte ich früher keine passenden Münzen, musste zum Kiosk, da womöglich noch Kaugummi kaufen, um Wechselgeld zu bekommen, was der Automat dann auf einmal nicht als Euro erkannte. Nur, damit das Spiel womöglich eine Stunde später von vorne losging. »Du, ich muss los, die Parkuhr läuft ab« ist auf der Liste ewiger Sätze doch ziemlich weit hinter »Die Nachtigall war's und nicht die Lerche«. In der Zeit hab ich immer leise die Stadt verflucht. Die Stadt macht dich klein.

Politesse ist einer der wenigen Jobs, die praktisch nur Frauen machen. Das ist doch auch schon wieder typisch. Ich habe ausgerechnet: Die Strafzettel kosten mich im Monat nur unwesentlich mehr, als wenn ich Tickets kaufen würde, aber das zahle ich gerne, weil – wie sagt es eine große französische Kosmetikfirma in ihrer Werbung immer? Weil ich es mir wert bin. Das ist mein Fuck-you-Money. Keine Parktickets mehr zu ziehen ist wahnsinnig befreiend. Ich finde, es geht in die richtige Richtung, wenn ich mein Geld nicht immer nur in Produkte für schöne Haare stecke, sondern auch mal, um zu sagen: »Liebe Stadt, du kannst mich am Arsch lecken!«

32
CHEEEEEEEESE – WIE SICH FOTOS MACHEN VERÄNDERT HAT

Fotos machen war früher ein Ereignis. Wenn der Schulfotograf kam, wusste man das Wochen im Voraus und richtete sich darauf ein. Man wurde vorher zum Friseur geschickt und suchte das Outfit aus. Der Fotograf hatte Equipment. Eine Kamera und Filme, die erst noch entwickelt werden mussten. Am Ende gab es genau ein Foto. Eins. Darauf sieht man, wie sich Wiebke Tröger in der Reihe vor mir auf die Zehenspitzen stellt und es mich gleichzeitig am Bein juckt, genau in dem Moment, als der Fotograf auf den Auslöser drückt. Für alle Zeiten schnurrt mein Aufenthalt in der Klasse 6b nun zusammen auf diesen einen Gesichtsausdruck, der pendelt zwischen »Wiebke ist doof« und »Autsch, Mücke!«. Das nächste Foto wurde vier Jahre später gemacht. Da hatte ich Pickel und blöde Haare und versteckte mich freiwillig hinter einem größeren Jungen. Im Grunde gibt es kaum offizielle Fotobeweise, dass ich je auf einer Schule war.

Selbst für private Schnappschüsse brauchte man damals eine eigene Kamera. In den damaligen Telefonen war nämlich nichts weiter eingebaut als ein Telefon. Bei den Kameras musste man den Film noch selbst einmal abspulen, mit Hilfe eines Drehrädchens. Als Kameras das selbständig machten, nannte man das Fortschritt, denn jetzt musste man nur noch nach jedem Bild an einem Rädchen drehen, und konnte dann ein weiteres Foto machen. Filme waren teuer. Für eine Woche Jugendfreizeit bekam ich maximal zwei 32er-Filme mit. Das heißt, das, was ein durchschnittlicher Teenager heute verknipst, um festzuhalten, welches Kingsize Menü er gerade bei Burger King bestellt hat, musste damals für einen kompletten Urlaub reichen. Auf der Klassenfahrt nach Rom verballerte ich den gesamten ersten Film, um Melanie, die Klassenzicke, beim Schlafen zu knipsen, bloß weil sie ohne Absicht ihren ebenfalls schlafenden Nebensitzer malerisch besabberte. Dreißigmal die sabbernde Melanie, einmal der Trevi-Brunnen, die Spanische Treppe und das Colosseum.

Ich hatte natürlich selbst keinen Fotoapparat, sondern musste mir für die Jugendfreizeiten den der Eltern ausleihen und darauf aufpassen wie auf den Heiligen Gral. Während heute noch im billigsten Eierkocher völlig sinnlos eine Acht-Megapixel-Kamera eingebaut ist, hatte man früher pro Familie nur einen Fotoapparat. Die Filme wurden damals auch noch zum Entwickeln gebracht. In ein Geschäft. Tage später konnte man sie wieder abholen. Niemals haben wir die Umschläge mit den fertigen Fotos direkt aufgerissen, sondern trugen die Bilder wie einen Schatz ins nächste Café oder nach Hause. Manchmal musste man bis abends warten, damit die ganze Familie zusammenkommen konnte, und alle gemeinsam gleiches Fotorecht hatten. Die Umschläge waren mit ähnlich viel Spannung verbunden wie die bei der Oscarverleihung. Die Vorfreude auf die Bilder war manchmal so spannend, als hätte man den ganzen Urlaub noch einmal vor sich. Heute unmöglich. »Mama, willst du mal gucken, wie's im Urlaub war?« – »Kind, ich folge dir doch auf Instagram. Ich hab alles schon gesehen!« Der Urlaub ist endgültig vorbei, sobald man das letzte Bild aus dem Flugzeug gepostet hat, das gerade auf dem Rollfeld steht.

Nachträgliche Spannung kommt da nicht mehr auf. Nach meiner Konfirmation war ich noch unglaublich aufgeregt, als ich endlich die Bilder bekam. Als würde ich erst durch die Fotos erfahren, wie ich wirklich ausgesehen hatte oder wie das Fest tatsächlich gewesen war. Diese Aufregung ist komplett aus unserem Leben verschwunden. Kein Wunder, dass alle sich mittlerweile von Hochhäusern abseilen oder mit Haien tauchen wollen.

Damals wurden die Bilder noch in ein Album eingeklebt und beschriftet. Meine Oma hat mehrere Alben angefertigt. Viele Generationen nach ihr werden dadurch in der Lage sein, sich im Dickicht unserer verwandtschaftlichen Verästelungen zurechtzufinden. Sie hat alles haargenau beschriftet, bei den Frauen oft sogar mit Geburtsnamen, Daten und allem Zipp und Zapp. Es ist Omas Version von Facebook. Meine Fotos aus den letzten Jahren sind komplett ungeordnet und unbeschriftet in meinem Smartphone. Sollte ich morgen, SMS-schreibenderweise unter ein SUV geraten, weil der Fahrer gerade twittert, dann haben wir den Salat. Keiner kennt meine PIN, und damit sind meine Erinnerungsfotos allesamt futsch und für die Nachwelt verloren.

An meiner Oma kann man auch sehen, wie ernst Fotos früher genommen wurden. Meine Oma hat noch eine Fotopose und ein Fotogesicht. So wie sie auf Fotos steht und lächelt, steht und lächelt sie im wahren Leben nie. Sie stemmt beide Arme in die Seite und grinst. Man sieht noch entfernte Anklänge an die Standbein-Spielbein-Ästhetik. All das ist speziell fürs Fotografiertwerden antrainiert. Meistens steht sie vor ihren blühenden Rosen oder vor etwas anderem, auf das sie stolz ist. Fotografiert werden war für sie und jeden in ihrer Generation eine Ausnahmesituation.

War man früher unterwegs, wurden wildfremde Menschen vor wildfremden Sehenswürdigkeiten angequatscht »Sorry, can you take a picture?«. Heute hätte ich Angst, ein iPhone aus der Hand zu geben. Wenn das weg ist, ist alles weg. Telefon, Kamera, Fotoalben, Adressbuch, Terminkalender und Spielesammlung. Deswegen macht man heute Selfies. Und die stellt man problemlos online, damit jeder sie sehen kann. Niemand wäre früher auf die Idee gekommen, jemandem, den man gerade kennengelernt hat, beim zweiten Treffen drei Fotoalben mitzubringen:»Hier, damit du mich ein bisschen besser kennenlernst, hab ich dir mal ein paar Bilder mitgebracht. Guck, das da bin ich in der 6b, ich steh direkt hinter Wiebke Tröger, und mich hat gerade eine Mücke gestochen … guck, und hier war ich überall in den letzten zehn Jahren! In dem Album hier ist meine komplette Familie, und hier bin ich übrigens nackt.« Würde man nicht machen, machen jetzt aber alle. Jungs verschicken massenweise Penis-Bilder. Also Bilder von ihrem Penis. Eine ohnehin schon fragwürdige Art, Mädchen beeindrucken zu wollen, die sich aber garantiert nie durchgesetzt hätte, wenn man die Bilder immer noch zum Entwickeln bringen und persönlich übergeben müsste:»Du, ich fand, das war ein netter Abend heute. Bevor du jetzt nach Hause gehst, wollte ich dir noch ein Bild von meinem Geschlechtsteil schenken, hier, schau!« – »Echt, das ist ja total süß, zeig mal! Ach, prima, ich hab lustigerweise gestern meine Brüste geknipst. Die Bilder werden gerade entwickelt, ich kann die morgen abholen, dann mach ich dir auch n' Abzug, wenn du willst!« – »Och, ja, das wär nett, tschüss!« – »Tschüss!«

Früher gab es Momente, die man versucht hat festzuhalten, heute hat der Moment womöglich gar nicht stattgefunden, bis man ihn nicht perfekt fotografiert hat, oder klar ist, ob man den Amaro- oder Valencia-Filter einsetzt.

Die Einschulung meines Patenkindes ist fotografisch deutlich besser dokumentiert als das Attentat auf Kennedy oder der Kniefall von Willy Brandt in Warschau. Mindestens fünf Leute haben durchgehend Bilder und Videos gemacht. Ich nicht. Ich habe nur ein Bild gemacht, mit mir zusammen. Ich bin halb durch ihn verdeckt und ziehe eine Grimasse, weil meine Schuhe zu eng waren. Er sagt, es ist sein Lieblingsbild von mir.

33
FÜR HELMUT SCHMIDT –
VON NORMALEN LEUTEN

Das Beste, was man über einen Star, Prominenten oder halbwegs Erfolgreichen in Deutschland sagen kann, ist: Sie oder er ist auf dem Teppich geblieben. Nicht abgehoben, sondern bodenständig. Solide. Auf nichts legt der Deutsche mehr Wert als auf Normalität. Außergewöhnliches kann geleistet werden, aber man soll bitte normal dabei bleiben. Unsere Lady Gaga heißt Helene Fischer. Die kann beruflich schon mal an der Decke schweben, hat privat zur Strafe aber den Silbereisen und würde nie etwas wirklich Exaltiertes machen, sondern stattdessen Werbung für Kräuterbutter. Unsere populärsten Stars sind die, die so sind wie alle. Michael Jackson kaufte sich die Neverland-Ranch, Günther Jauch lieber halb Potsdam, Justin Bieber hält sich einen Affen, Herbert Grönemeyer hat nicht mal einen Dackel. Ein Star ist ein Stern, der weit weg ist, und dennoch hell strahlt. Uns ist eine Energiesparlampe an der Decke lieber.

Und das sind normale Leute:
Mara singt bei der kirchlichen Trauung von Nina und Holger. Man kennt sich seit Jahren. Die Festgemeinde wischt sich gerührt die Tränen aus dem Gesicht, so schön singt Mara. Dann stellt sich heraus, dass die singende Mara noch kurz vor

der Hochzeit ein Verhältnis mit dem Bräutigam hatte. Holger hat nicht erwogen, über eine neue Sängerin für die Hochzeit nachzudenken oder Mara gar auszuladen. Das hätte nur komische Fragen aufgeworfen. Mara ist nämlich ihrerseits seit zehn Jahren mit Jens zusammen und hatte ihn vor kurzem geheiratet. Als die Affäre ans Licht kommt, verschwenden Mara und Jens nicht viel Zeit damit, ihre Ehe zu kitten, sondern beschließen, sich zu trennen.

Braut Nina ist hingegen nicht zum ersten Mal von Holger betrogen worden. Vier Jahre zuvor gab es Sabrina, und schon damals ist viel Stolz und Würde hintenüber gefallen, um Holger zurücknehmen zu können.

Als Entschädigung für Sabrina haben Holger und Nina erst ein Haus gekauft, dann einen Hund. Jetzt, nach Mara, können es nur noch Kinder retten.

Der schönste Tag des Lebens war die Hochzeit nicht. »Ich kann mir noch nicht mal das verdammte Hochzeitsvideo angucken, weil die scheiß Alte da drauf singt!«, sagte Nina. Die beiden Frauen, die bis dahin eng befreundet waren, gingen sich drei Jahre lang aus dem Weg, verstehen sich heute aber wieder bestens. Nina und Holger haben mittlerweile drei Kinder und Mara hat ein halbes Jahr nach Ninas Hochzeit Dennis kennengelernt und bald geheiratet. Die beiden haben jetzt ebenfalls ein Kind. Alle wohnen nicht weit voneinander entfernt und sind eben – ganz normale Leute.

Ich bin jetzt offenbar in dem Alter, in dem die Familien, die um mich herum gegründet werden, gerade ihre Familiengeheimnisse erleben. Bislang kannte ich diese Geheimnisse nur aus der Retrospektive, wenn man irgendwo auf dem Dachboden ein altes Fotoalbum findet und alle in der Familie Schwierigkeiten haben, zu erklären, wer die Frau ist, die da neben dem Opa steht. Oder wenn Onkel Heinz auf seiner goldenen Hochzeit ein paar Gläser zu viel hatte und sich dadurch an Familienmitglieder erinnert, von denen man noch nie gehört hat. Jede Familie hat diese Geheimnisse. Ich kenne jedenfalls keine, bei der nicht irgendwann Halbgeschwister aufgetaucht sind oder ein Onkel, von dem man nie etwas wusste. Hinter vorgehaltener Hand erzählt man die Geschichte, dass eine der entfernteren Tanten ein Kind selbst abgetrieben haben soll. Eine der Schwestern väterlicherseits war Tante Mimi, die früh gestorben war und von der man immer nur in nebulösen Andeutungen sprach. Nach vielen Jahren stellte sich heraus, dass Tante Mimi nicht tot war, sondern schlicht verrückt! Heute würde man vermutlich sagen, dass sie psychische Probleme hatte. Sie hat ihr Leben in einem Heim verbracht, wo sie nie wieder jemand besuchte. Alle wollten sie und ihre unschöne Geschichte so schnell wie möglich vergessen. Bis vor kurzem dachte ich, dass solche Episoden nur in der Vergangenheit vorgekommen sind, in einer Zeit vor meiner Zeit, wo die Menschen noch seltsam waren. Aber das ist natürlich naiv.

Eine Frau lässt sich nach einer meiner Lesungen ein Buch signieren. Sie sieht unscheinbar und sympathisch aus, in etwa mein Alter, und trägt ein Outfit, das ich auch gekauft hätte. Ich frage, für wen ich signieren soll. »Für Helmut Schmidt.«
»Oh, *der* Helmut Schmidt?« – »Nein, meine Katze heißt Helmut Schmidt.«
Dann packt sie eine Mappe aus ihrem Rucksack und berichtet, dass sie selbst auch schreibt. Viel, sehr viel schreibt sie, wie der Mappe zu entnehmen ist, und sie wäre froh, sagt sie, wenn ich das mal an die entsprechenden Leute in meinem Verlag weitergeben könnte. Sie legt mir ein paar Textproben vor. Sie redet lange und fängt immer wieder von vorne an, von den Seiten, die sie schon hat, von dem Buch, das endlich mal erscheinen müsse, und von der Verschwörung, die die Welt beherrscht

und die leider die allermeisten Menschen nicht durchblickten. Unter anderen, sagte sie, ihre beiden Schwestern, mit denen sie seit Jahren kein Wort mehr rede. Vor mir steht also die Tante Mimi einer anderen Familie, die in meinem Alter ist und vermutlich von ihren Nichten und Neffen erst in vielen, vielen Jahren entdeckt wird.

Vielleicht rührt daher der Anspruch an unsere Vorbilder, unbedingt »normal« zu bleiben, weil es von uns keiner ist. Haarsträubendes kriegen wir selbst hin, Durchdrehen ist unsere leichteste Übung. Der Boden, auf dem wir »Normalen« bleiben, ist immer doppelt. Gegen all unsere Tante Mimis ist Madonna einfach eine clevere, nüchterne Geschäftsfrau, die auf ihre Ernährung achtet und ihren Kindern aus einem Kinderbuch vorliest, das sie selbst geschrieben hat. Ich jedenfalls werde erst dann hellhörig werden, wenn ich irgendwo höre: »Katrin Bauerfeind ist trotz ihres Erfolgs ganz bodenständig und normal geblieben.«

34
UNGESCHMINKT UND UNSICHTBAR

Ich bin ein Superheld. Ich kann mich nämlich unsichtbar machen. Wenn ich will, werde ich nirgendwo gesehen. Dazu muss ich mich einfach nur nicht schminken und mich nicht fernsehkompatibel anziehen, schon schenkt man mir so viel Beachtung wie dem »Rauchen ist tödlich«-Hinweis auf einer Stange Marlboro. Ohne Aufgebrezel bin ich nicht existent. Als ich das letzte Mal bei *Markus Lanz* eingeladen war, kam ich nachmittags ungeschminkt ins Studio. Die anderen Gäste waren schon im Aufenthaltsraum. Ich sagte überall hallo und stellte mich vor. Hans Eichel, unserem früheren Finanzminister zum Beispiel, und dem Kabarettisten Werner Schneyder. Dann ging ich in die Maske, bekam die Haare aufgedreht, wurde großflächig verspachtelt und warf mich in ein Kleid samt hoher Schuhe. Als ich zurückkam in den Aufenthaltsraum, sprang Hans Eichel vom Stuhl und rief: »Na, wir haben uns aber auch noch nicht vorgestellt, ich bin Hans Eichel.« »Ich weiß«, sagte ich, »ich bin Katrin Bauerfeind. Wir haben uns vor einer Stunde schon getroffen.« Daraufhin sah er ratlos zu Werner Schneyder, der mit den Achseln zuckte, als hätte auch er keine Ahnung, was ich meine. Weil er mir auch noch einmal seine Hand entgegenstreckte, stellte ich mich ihm auch noch mal vor. Ein Mann ist auch ohne Maske immer erkennbar, bis auf Cro vielleicht oder die Jungs von Kiss. Frauen dagegen werden anscheinend erst durch Make-up überhaupt sichtbar.

In der Metzgerei stehe ich vor der Theke, und dahinter macht man erst mal in aller Ruhe die Kasse, telefoniert und erledigt kleinere Umbauarbeiten. Nach Minuten kommt ein anderer Kunde in den Laden, und plötzlich heißt es vonseiten der Fleischfachkraft:»So, jetzt weiß ich gar nicht, wer zuerst da war.« Früher bekam ich beim Metzger automatisch mein Stück Fleischwurst, obwohl ich damals wesentlich kleiner war als heute. Diese Zeiten sind vorbei. Setze ich mich privat und ungeschminkt in ein Restaurant, passiert erst mal nichts. Niemand kommt und fragt, ob ich etwas trinken möchte oder etwas zu Essen bestellen will. Ich werde, im wahrsten Sinne des Wortes, sitzen gelassen. Keiner will wissen, ob ich einen Aschenbecher brauche. Selbst wenn ich nach einem frage, wird einfach folgenlos genickt. Ich bin wie ein leichtes Jucken am Knie. Man nimmt es wahr, geht aber davon aus, dass es von selbst wieder verschwindet, wenn man sich nicht drum kümmert. Es führt oft zu dieser seltsamen Choreographie, bei der ich der Bedienung im 360-Grad-Radius um meinen Stuhl herum winke, wie der Schiffbrüchige auf der einsamen Insel, wenn die Yacht vorüberfährt. »Haaaalloooo! Hier bin ich!!« Das Kellnerschiff fährt vorbei, und ich pantomime in Richtung der anderen Gäste lächelnd »Hm, hat er wohl nicht gesehen, beim nächsten Mal«.

Ich hab schon so viel in Lokalen gewunken, dass es als Fortbildung zur Königin durchgehen würde, wenn es nicht diesen entwürdigenden Touch hätte. Wer winkend ignoriert wird, ist keine Respektsperson. Dann fiel mir auf, dass es vielfach Frauen sind, die dauerhaft unbeachtet bleiben. Ein Mann verhält sich in dieser Situation nämlich so wie mein alter Braun-Wecker früher: Sobald man ihn einmal nicht beachtet, wird er einfach schrittweise immer lauter, bis man ihn nicht mehr ignorieren kann. Die Palette reicht vom leichten Räuspern über ein demonstrativ asthmatisches Husten bis zum entschiedenen Rufen, bei dem am Ende der ganze Laden guckt, weil man denkt, dass gerade Tarzan hereingekommen sein muss. Frauen ist so viel Aufmerksamkeit oft unangenehm. Meine Mutter tat sich lange Zeit schwer damit, Dinge zu reklamieren. Der neu gekaufte Lockenstab, der zu Hause nach zweimaligem Benutzen nicht mehr funktionierte, wurde – Garantie hin oder her – trotzdem behalten, als sei womöglich mit dem Strom bei uns was nicht in Ordnung oder als wären ihre Haare eine besondere Herausforderung, die man dem Ding nicht hätte zumuten dürfen. Letztlich blieb das sehr weibliche Gefühl, dass der Fehler der anderen irgendwie am Ende doch die eigene Schuld gewesen sein könnte. Ein versalzenes Essen ließ sie nicht zurückgehen, um nicht unangenehm aufzufallen oder dem Koch womöglich Umstände zu machen. Ein erfolgreicher Unternehmer verriet mir dagegen mal, dass er die erste Flasche Wein im Restaurant prinzipiell zurückgehen lasse, um denen gleich mal zu zeigen, mit wem sie es zu tun haben.

Die Unsichtbarkeit, war meine Schlussfolgerung, hat viel mit Unsicherheit zu tun. Es hat relativ lange gedauert, bis ich im Restaurant zum Beispiel nicht automatisch einen Bogen um die Gerichte machte, die ich nicht kannte, und stattdessen einfach fragte: »Was genau sind eigentlich strozzapretri alla norcini? – Ah, Nudeln mit Wurst, gut zu wissen, danke, das nehm ich.« Damit, dachte ich, hätte ich schon einen schönen Schritt in Richtung Sichtbarkeit gemacht. Dann sitze ich neulich mit einer Männerrunde in einem gediegenen Restaurant und lese in der Karte was von »Fillini von der Brombeere«. Ich frage die Herren, was das ist, und ernte prompt die ausgesprochen selbstsicher vorgetragene Antwort: »Das ist dieser Sekt mit Pfirsich, das ist prima!« Mein Einwand, das hieße doch aber Bellini, wird locker weggewunken. »Nee, nee, das ist lecker, nimm das mal!« – »Aber hier steht doch ›von der Brombeere‹!«, lautet mein Einwand zum Thema Pfirsich mit Sekt, »außerdem steht es bei Nachspeisen.« – »Ja, ja, klar, das sind diese kleinen Filets«, erklärt mir jetzt ein anderer Mann, keinen Deut weniger überzeugt als der erste. »Fillini – kleine Filets, auf Italienisch, ja sicher!« – »Von der Brombeere? Wie klein sollen die Filets denn sein?«, habe ich auch an dieser Erklärung meine Zweifel. – »Doch, doch, das sind diese kleinen Dinger«, beharrt der zweite Mann auf seiner Meinung, so als würde er sich seit Jahren von wenig anderem ernähren. Am Ende frage ich den Kellner. Es stellt sich heraus: Fillini sind so was wie süße Cannelloni, in diesem Fall aus Brombeergelee. Die komplette Herrenrunde nickt wissend. »Ja, ja, genau wie diese Nudeln.« Als sei das jedem klar wie Kloßbrühe. Jedem außer mir. Ich stelle wieder mal fest, dass ich noch lange nicht am Ziel bin. Und so lange bleibe ich vermutlich weiter unsichtbar.

35
WIE WIR WURDEN,
WAS WIR SIND

Man hat sich kennengelernt, fand sich nett und war miteinander aus ... anschließend:

SIE

ruft ihre Freundinnen an,
trifft sich mit allen, die können,
zeigt Fotos,
erörtert gemeinsam seine
Vorteile,
wägt Nachteile ab,
fragt sich, ob sie sich wieder bei
ihm melden soll, und wenn ja,
wann und auf welchem Weg,
fragt sich, ob nicht eigentlich er
sich bei ihr melden müsste,
fragt sich, was es heißt, wenn er
sich am nächsten Tag noch
nicht gemeldet hat,
fragt sich, ob es trotzdem was
Festes werden könnte,
überlegt, wie eine gemeinsame
Zukunft aussehen könnte

ER

trifft sich mit seinen Kumpels.
Sagt ihnen nichts

SIE

kann sich am Ende zu nichts
durchringen, meldet sich nicht

ER

hat Angst vor einer Abfuhr und
schreibt ihr deshalb eine SMS:
»Bin heute eh in der Stadt.
Bock auf'n Kaffee?«

Man trifft sich ein weiteres Mal ...

SIE

überlegt sich, was sie anzieht,
überlegt sich, was sie mit den
Haaren macht
zieht sich um,
zieht sich noch mal um,
berät sich mit einer Freundin,
überlegt sich, ob es verzweifelt
und bedürftig wirkt, wenn sie
pünktlich ist,
kommt sicherheitshalber fünf
Minuten zu spät,
zweifelt, ob sie das richtige
Outfit gewählt hat,
ist unsicher

ER

überlegt sich, was er anzieht.
Geht los.
Kommt eine Viertelstunde zu
spät.

Versucht, lässig zu sein, macht
ihr deswegen kein Kompliment
fürs Aussehen.
Deutet ihre Unsicherheit als
Enttäuschung über ihn.
Ist unsicher

SIE

redet und denkt, ob ihr
Make-up hält,
redet und denkt, ob er sie zu
klein, groß, dick, dünn oder
sonst wie findet,
redet und denkt, wie ihre
Freundinnen ihn finden werden,
redet und denkt, dass er auch
mal was sagen könnte

ER

denkt, ob sie wohl einen
Push-up trägt

denkt, dass er auch mal was
sagen könnte ...

SIE

mag seine Hände, die genau
richtig sind zwischen weich
und zupackend, gepflegt, ohne
offensichtlich manikürt zu sein,
mag seine Augen, die manchmal braun sind, manchmal
grün, je nach Beleuchtung,
seine Art, ganz kurz die Nase
zu rümpfen, bevor er lächelt,
und die zahlreichen Varianten
seines Lächelns,
mag, dass er sie mehrfach zum
Lachen gebracht hat,
mag, dass er nichts dagegen
hatte, als sie von seinem Essen
probieren wollte,
mag, dass er angeboten hat, sie
zu Hause abzuholen,
mag, dass er als Kind einen
Hamster hatte, so wie sie

ER

findet sie irgendwie echt gut

Und dann ...

SIE

schreibt ihm, wie gut sie den
Abend fand,
wie viel Spaß sie hatte,
dass sie das unbedingt noch
mal machen sollten,
ist überrascht, dass er
Kinder erwähnt und eine feste
Beziehung,
hat das Gefühl, dass sie richtig-
lag mit ihrer Vermutung ...
denkt deswegen, dass er
vielleicht der Richtige ist

ER

hat das Gefühl, dass sie eine
feste Beziehung will und Kinder

hat das Gefühl, dass er richtig-
lag mit seiner Vermutung ...
und dass es jetzt vielleicht tatsächlich Zeit ist dafür ...

Heirat, Haus, Kind

36
MINISTERIN IN BEZIEHUNGEN

Es ist kein Zufall, dass man sowohl bei Menschen als auch bei Staaten von Beziehungen spricht. Die USA haben mit Kuba diplomatische Beziehungen aufgenommen, genau wie meine Freundin Jessica mit Ole. Kuba und Ole waren beide schon lange bekannt und erkundet; früher war man mal ansatzweise befreundet, dann hatte man lange Zeit keinen Kontakt, und jetzt war man sich eben wieder nähergekommen. Im Falle von Ole sogar sehr nah. Jessica und Ole sind nämlich jetzt zusammen. Und so, wie man nach Wahlen schnell klären muss, wer in der Regierung die wichtigen Funktionen übernimmt, wird das auch in einer neuen Beziehung zügig festgelegt. Jedes Land und jede Beziehung braucht zum Beispiel jemanden fürs Außenministerium. Den Job übernimmt derjenige, der diplomatischer ist, besser mit Leuten kann und gleichzeitig die gemeinsamen Interessen nach außen am besten vertritt. In den allermeisten Fällen ist das die Frau.

Ole zum Beispiel ist gelernter Hypochonder und hat seit Jahren »Magenprobleme«. Die Ärzte finden nichts, sein gesamter Freundeskreis hat sich aber mittlerweile zu Hobbymedizinern weitergebildet, die Artikel aus Zeitungen ausschneiden, Links weiterleiten oder wenigstens ein *Galileo spezial* zum Thema

Verdauung gesehen haben. Jemand aus dem nun dazukommenden Jessica-Freundeskreis kennt einen Spezialisten, ganz in der Nähe, bei dem Ole sich mal melden sollte. Ole hat's aber nicht nur am Magen, sondern auch an der Motivation, deswegen ist auch Wochen später noch nichts passiert. Ole entschuldigt das mit Stress im Job und verspricht, direkt nächste Woche einen Termin zu machen, woraufhin seine nagelneue Freundin Jessica ruft: »Macht er doch eh nicht, so was muss ich machen, sonst passiert's gar nicht!« Ole grinst schief dazu, und bums, hat sich Jessica soeben als Außenministerin beworben und ist gerade zeitgleich quasi einstimmig gewählt worden, womöglich, ohne es zu wissen. Aber in Zukunft wird *sie* in Restaurants anrufen und nach einem Tisch fragen, *sie* wird Termine mit Ärzten und Behörden machen, und *sie* wird Schritt für Schritt auch von den anderen so behandelt werden. Die Einladung zum Grillen von Freunden wird zwar an beide gehen, aber nur mit Jessica besprochen werden. Die Frage »Und was macht ihr an Silvester?« wird an sie adressiert, und selbst Oles Mutter wird sich früher oder später an Jessica wenden, wenn sie wissen will, wann denn der fällige Besuch stattfindet. Sie ist die Repräsentantin der Beziehung.

Handwerker und Verkäufer haben in den allermeisten Fällen einen über Jahre erworbenen guten Blick für den Außenminister eines Paares und wenden sich nach wenigen Momenten zielsicher an den zuständigen Partner. Wenn ein Elektriker der Frau geduldig erklärt, wie er welche Leitung wann unter Putz legen will, hat das nichts damit zu tun, dass er dem Mann keine technische Kompetenz zuspricht, sondern lediglich damit, dass er aus Erfahrung weiß, wer hier das Sagen hat und wer ihn auch in Zukunft nerven wird, wenn etwas nicht stimmt.

Ich war bislang noch in keiner Beziehung der Außenminister. Ich hab zu anderen Menschen dasselbe Verhältnis wie ein Pizzabäcker zu Mehl und Mozzarella. Man hat beruflich schon so viel davon, dass man den Umgang privat lieber fein dosiert. Die jeweiligen Männer waren aber auch nicht wild darauf, diplomatische Beziehungen mit der Außenwelt aufzunehmen, was dazu führte, dass wir, außenministerlos, immer überall behandelt wurden wie Estland in der EU. Offiziell gehörten wir dazu, aber de facto konnte man mit uns machen, was man wollte. Ich merke es auch jetzt mal wieder beim ersten Pärchenausflug mit Ole und Jessica. Während der Mann und ich an der Rezeption mit distanzierter Freundlichkeit begrüßt und in ein Zimmer abgeschoben werden, das im entferntesten Trakt des Hotels liegt, direkt über der Wäscherei und in engster akustischer Nachbarschaft zur Hauptstraße, lässt sich Jessica erst mal das Zimmer zeigen, beschließt ohne Rücksprache mit Ole, dass das nicht ihren gemeinsamen Vorstellungen entspricht, und begeht ungerührt noch zwei weitere Zimmer, bevor sie schließlich ein schönes, großes, neues, ruhiges bekommt, mit Blick auf den Park. Unnötig zu erwähnen, dass sie auch noch weniger bezahlt, weil sie natürlich nicht online gebucht hat, wie wir Hightech-Menschen, sondern ganz analog mittels Telefonat mit der Rezeption des Hotels, wo sie noch einen besonderen Romantik-Discount rausgeholt hat, denn es ist ja, log sie, das erste Wegfahren in einer noch jungen Beziehung. Den Bären hätten wir der Rezeption natürlich auch aufbinden können, aber da sind wir schlicht nicht drauf gekommen. Niemand wundert sich, dass Jessica schon nach dem ersten Abend Paolo kennt, der hinter der Theke ganz fantastische Cocktails macht, und den Angelo, der wiederum weiß, in welche Clubs man hier gehen muss und wie man reinkommt. In der Zeit, die wir brauchen, um die Koffer auszupacken, hat Jessica schon ein anderes Pärchen kennengelernt und gleich mal klargemacht, dass wir morgen gemeinsam wandern. Ole läuft einfach immer hinterher wie Joachim Sauer in Bayreuth. Wie grandios könnte Deutschland weltweit dastehen, wenn wir das Außenministerium bislang nicht nur mit Männern besetzt hätten?!

Eine andere Position in der Beziehungsregierung ist dagegen meist den Männern vorbehalten: das Finanzministerium. Wenn's um Geld geht, fühlen sich Frauen noch immer häufig nicht zuständig. Ja, vielleicht für die Haushaltskasse, aber wenn es um größere Anschaffungen geht oder gar um die Altersvorsorge, nimmt das in vielen Fällen auch heute noch eher der Mann in die Hand.

Ich war fünfzehn und wollte mir zum ersten Mal mit einem Ferienjob etwas dazuverdienen. Zum Beispiel, dachte ich, in einer Boutique. Für einen exorbitanten Stundenlohn war ich durchaus bereit, halbtags schöne Kleider zu sortieren. Meine Vorstellungen von Bezahlung und Aufwand und die Vorstellungen der in Frage kommenden Boutiquenbesitzer klafften allerdings sehr weit auseinander. Mein Vater besorgte mir stattdessen einen Job, der darin bestand, die Schule im Nachbarort zu putzen. Jeden Tag bin ich eine halbe Stunde auf meinem Mofa hin- und wieder zurückgezockelt und habe zwischendurch sechs Stunden lang versucht, ein komplettes Schuljahr von Tischen und Stühlen wegzukratzen, -zuschrubben oder -zuspachteln. Dabei lernte ich, dass Hubbabubba ähnlich hartnäckige Eigenschaften hat wie Zement und Schmierereien mit Edding langlebiger sind als Fresken von Michelangelo. Es war eine elende Zeit. Es war wie selbst Schule haben, nur anstrengender und langweiliger. Im nächsten Jahr war ich sechzehn und wie alle Sechzehnjährigen der Meinung, ich vergeude nur meine Zeit in der Schule und Abitur zu machen sei so sinnvoll, wie Regenwürmer zu dressieren. Also besorgte mein Vater mir einen Job an der Käsetheke im Supermarkt. Ich hatte täglich mit Arschlöchern zu tun, die mich von einem 18-Kilo-Laib Emmentaler eine 100-g-Scheibe abschneiden ließen und dann nein sagten, wenn ich 120 Gramm abgesäbelt hatte und fragte: »Dürfen's auch 20 g mehr sein?« Nach sechs Wochen Käsetheke hatte ich keinerlei Flausen mehr im Kopf und war der nagelneuen Meinung, Abitur sei schon eine feine Sache. Die Quintessenz aus diesen und ähnlichen Vorkommnissen war, dass mein Vater sich in allen relevanten Fragen über meine Zukunft und meine Finanzen zuständig fühlte. Eltern haben sich nach achtzehn Jahren so sehr ans Kümmern gewöhnt, dass sie nicht so einfach damit aufhören können. Das Kind hat ein Vermögen gekostet, Sorgen, Ängste und wache Nächte nicht mitgerechnet, da sagt man eben nicht, ab jetzt kümmerst du dich mal selbst.

Eine Freundin war, weit nach Ende ihres Studiums, sehr erstaunt zu erfahren, welche Versicherungen sie hatte. Allesamt vom Vater für sie abgeschlossen, aber so langsam kam sie in das Alter, wo sie selbst ihr Leben finanzieren wollte. Eine Glasbruchversicherung war da eigentlich nicht vorgesehen, wurde aber erst nach Riesenärger und der Androhung, Weihnachten nicht mehr nach Hause zu kommen, gekündigt. Auch mein Vater hat lange für mich bei der Bank angerufen. Banksachen waren Vatersachen. Ich war in Mathe eh schlecht, und entsprechend kümmerte ich mich nicht um meine Finanzen. So ist der Mensch. Wenn uns jemand eine unangenehme Aufgabe regelmäßig abnimmt, dann gewöhnen wir uns daran. Ich war also auf dem besten Weg, eine klassische Oma zu werden, die, wenn Opa plötzlich seinen Hauptwohnsitz ins Jenseits verlagert, keine Ahnung hat, wie viel Geld noch im Haus ist und vor allem wo. Jeder kennt Geschichten von Familien, die in aufgerissenen Matratzen, umgegrabenen Gärten und umgepflügten Hobbyräumen die Ersparnisse eines langen Lebens suchen.

Mein Vater war jedenfalls zuständig für meine Versicherungen, Finanzen sowie alles rund ums Auto. Als ich mit Anfang zwanzig ohne Ankündigung und Absprache mein erstes eigenes Auto kaufte, hat er fast geweint. Hauptsächlich, weil ich für diesen Preis weder ein Schiebedach rausgehandelt hatte noch Winterreifen oder eine Sitzheizung. So viel kaufmännisches Unvermögen ließen ihn kurzzeitig seine Vaterschaft anzweifeln. Es bestärkte ihn in der allgemeinen Erkenntnis, dass Frauen und Autos ähnlich gut zusammenpassen wie Benzin und Feuerzeuge. Er an meiner Stelle wäre für das Geld mit einer S- statt mit einer A-Klasse nach Hause gekommen. Mein Vater fühlte sich bestätigt: Wenn der Papa es nicht macht, wird's einfach nix. Ich war dagegen stolz auf mich und gleichzeitig sehr aufgeregt, weil ich noch nie so viel Geld ausgegeben hatte. Einiges davon war, zugegebenermaßen, Lehrgeld.

Es hat lange gedauert, bis mein Vater sich mit dem Gedanken anfreunden konnte, dass Autos und Männer sich insofern gleichen, als man seine Tochter nicht vor allen Fehlern bewahren kann. Umgekehrt hat es auch eine Weile gedauert, bis ich nicht mehr der Versuchung nachgegeben habe, alles was mit Geld zu tun hat, an meinen Vater oder andere Männer auszulagern.

Deutschland hat über fünfzig Jahre gebraucht, bis es zum ersten Mal von einer Frau regiert wurde. Eine Finanzministerin hatten wir bislang genauso wenig wie eine Außenministerin, und ich glaube, wir sind beziehungstechnisch auch erst am Ziel, wenn Männer problemlos Fremde nach dem Weg fragen können und in der Lage sind, selbständig falsch gekaufte Klamotten umzutauschen, während die Frau sich um den Ausbau des Wintergartens kümmert oder um die Umschichtung der Riester-Rente. Die Reise hat grade erst begonnen …

37
MÄNNER UND FRAUEN IN ZAHLEN UND FAKTEN

TEIL II

- Der Begriff TV-Sternchen bezieht sich immer auf eine Frau.
- Auf RTL II gibt es seit Jahren die Sendung *Frauentausch*, nicht aber die Sendung *Männertausch*. Würde sich in vielen Fällen für die Frauen einfach nichts ändern, wenn man die Männer tauscht?
- Frauen können schneller SMSen tippen als Männer. Alle. Immer.
- Laut einer englischen Studie reden Männer in Langzeitbeziehungen durchschnittlich nur noch 300 Worte am Tag.
- Zwei davon sind »Weiß nicht«.
- Die überwiegende Zahl der Scheidungen wird von Frauen eingereicht.
- Warum gibt es »Deine Mudder«-Witze, aber keine »Dein Vadder«-Gags?
- Warum gibt es »fatherfucker« nicht als Beschimpfung, während »schwul« unter Jugendlichen als Schimpfwort gilt?
- »Schwul« als Schimpfwort wird hauptsächlich dann eingesetzt, wenn es um vernünftiges Verhalten geht. »Ich trinke nichts, ich muss noch fahren«, »Heute brennt die Sonne, ich creme mich mal ein«, »Heute ist es kalt, ich nehm mal einen Pullover mit«, »Ich ess jetzt mal weniger Fleisch«. Ist

»männliches« Verhalten also immer eher doo... mmh, unvernünftig?

- Schämen sich Männer für andere Männer, wenn die sich
chauvinistisch verhalten, so wie sich Frauen manchmal für
Frauen schämen, die demonstrativ billig wirken?
- Sind besoffene Männer weniger peinlich als besoffene
Frauen?
- Wen fragen Sie in einer fremden Stadt eher nach dem Weg:
einen Mann oder eine Frau?
- Wem trauen Sie eher in Finanzfragen: einem Banker oder
einer Bankerin?
- Falls Sie an so was glauben: Wer hat eher Kontakt zu Engeln,
Geistern oder Verstorbenen? Ein Mann oder eine Frau?
- Eine Maus stellen wir uns in der Regel als weiblich vor, weil
sie irgendwie niedlich ist. Eine Ratte eher männlich.
- »Sau« kann auch anerkennend gemeint sein. »Sie ist schon
eine Sau.« »Schwein« nicht. »Er ist einfach ein Schwein.«
- In der Tierwelt gibt es kein Recht auf einen weiblichen Or-
gasmus. Wenn man sieht, wie ein Rüde eine Hündin be-
springt, ein Hengst eine Stute deckt oder der Erpel die Ente,
wird klar: Von Natur aus steht Sex offenbar immer mit
einer Tatze in der Vergewaltigung ...
- Man sieht in der Natur nie, dass das Weibchen mal oben
ist ...

38
ARE YOU READY TO RUMBLE –
PAARSTREIT FÜR FORTGESCHRITTENE

Stress unter Männern ist von jeher ähnlich präzise ritualisiert wie ein katholisches Hochamt. Früher gab es den Fehdehandschuh, den ein Mann dem anderen hinwarf beziehungsweise ins Gesicht klatschte, dann war klar: »Freundchen, wir beide haben fiesen Ärger.« Anschließend wurde von Helfern ein Termin ausgekungelt: »Täte Ihnen nächsten Mittwoch passen, um sich auf die Glocke zu hauen?« – »Ah, Mittwoch ist schlecht, da sind wir schon bei den Nachbarn zum Essen, aber am Donnerstag zwischen halb drei und drei könnte ich Ihnen die Fresse verbeulen, wie wär's?« – »Donnerstag passt ausgezeichnet, vielen Dank!« Das gab es schon im Mittelalter, bedurfte da unter Rittern sogar noch einer formellen Erklärung, bevor die sich entschlossen, aufeinander einzuschlagen, um Meinungsverschiedenheiten zu klären. Das hat sich bis heute gehalten. Selbst Hooligans verabreden sich mit Vorlauf auf Facebook: »Morgen 14 Uhr hinterm Stadion die Schalkeschweine kloppen.« Zum verabredeten Zeitpunkt ziehen die sich dann eine Kutte an, legen einen Schal um und gehen los, die Schalkeschweine kloppen. Das ist alles organisiert und strukturiert. Boxer ziehen sich vor dem Kampf einen glänzenden Mantel an, ausschließlich für den an sich gutbeheizten Weg zwischen Kabine und Ring. So ein Satin-Bademantel kommt bei heterosexuell veranlagten Männern unter normalen Umständen im Alltag ja vermutlich eher selten zum Einsatz. Ein Mann, der sich für den Weg vom Wohn- zum Arbeitszimmer eigens in ein Glitzermäntelchen kleidete, müsste sich wahrscheinlich spöttische Kommentare seiner Freunde anhören. Bei Boxern aber gehört es eben dazu. Genau wie die eigens ausgesuchte Einlaufmusik. Girls in knappen Fummeln halten Fahnen und ein Ringsprecher sagt dem Publikum, wie die Jungs heißen und was sie vorhaben, nur für den Fall, dass es Zuschauer gibt, die sich zufällig in die Halle verirrt haben und eigentlich Andy Borg sehen wollten. Boxen ist auch die einzige Gelegenheit, bei der Männer ausgiebig ihr Gewicht thematisieren. Anschließend prügeln sie aufeinander ein. Niemand findet das seltsam.

Wenn sich größere gesellschaftliche Gruppen nicht einigen können, wird gestreikt, und am Ende kommt Heiner Geissler und schlichtet. Ungeordnet, chaotisch und regellos wird es nur, wenn ein Mann und eine Frau sich streiten.

Wir stehen im Restaurant und bekommen drei Tische angeboten. »Dene anne Fensser, anne Tür, oder gehtte au nebbe Aquarium?« Der Chef ist ganz begeistert ob der reichlichen Auswahl an Sitzgelegenheiten, die er uns anbieten kann. Ich blicke mich um, meine Begleitung zuckt teilnahmslos die Schultern. Ihm ist es wurscht. Ihm war auch schon wurscht, wohin wir essen gehen, Inder, Japaner, Spanier. Wurscht. Ich bot aus Spaß an, eine Hand in die Mikrowelle zu stecken, mit etwas Ketchup würden wir auch davon satt. Aber Ironie perlt an ihm ab, deswegen sind wir jetzt beim Italiener. Ich frage ihn: »Den an der Tür?«, er nickt, ich gehe einen Schritt Richtung Tür und höre dann, wie er sagt: »... oder den am Fenster«, der Padrone schiebt noch mal nach »geht au nebbe Aquarium«, und mein Begleiter sagt tatsächlich: »Geht auch!« Ich bin prinzipiell schon für Demokratie, aber da entscheidet eben eine Mehrheit, und eine Mehrheit ist zwischen zwei Leuten schwer herzustellen, wenn einem alles wurscht ist. Alle anderen Gäste glotzen schon auf dieses merkwürdige Paar, das flipperkugelartig zwischen drei Tischen hin- und herbounced. Meine vorgeschriebene Fütterungszeit ist längst überschritten, weswegen ich genervter bin als nötig, nur weil wir zwischen drei möglichen Tischen entscheiden müssen. Im Jahr 1325 gab es den sogenannten Eimerkrieg zwischen Bologna und Modena, und in diesem Krieg ging es tatsächlich um einen Eimer aus Eichenholz. Er dauerte zwölf Jahre. Die meisten Konflikte entzünden sich letztlich an Kleinigkeiten. Warum nicht also auch an einem Tisch beim Italiener? Auf dem Weg zwischen den Tischen fallen mir die letzten Gelegenheiten ein, bei denen ihm alles wurscht war. Mein Outfit zur letzten Gala, die Rolle in einem Film, die mir angeboten wurde, meine Haltung zu Europa, war ihm alles schnurz. Ich habe den Verdacht, dass ich ihm mittlerweile insgesamt egal bin. Ich habe Hunger, und ich bin sauer, und deswegen bin ich ungerecht. Als wir endlich sitzen, macht er eine Bemerkung über den Brotkorb, dessen Inhalt ich angeblich in Rekordzeit inhaliert habe, samt Kräuterquark, und dass ich mich da nicht wundern müsse, wenn ich mich stetig weiter vom Idealgewicht entferne. Rein von der Kohlenhydratebilanz bräuchte ich jetzt über Pizza und Pasta schon nicht mehr nachzudenken. Jetzt bin ich nicht nur sauer, sondern stinksauer, und entsprechend fällt meine Antwort aus. Sie geht im weitesten Sinne in Richtung »selber dick« und beinhaltet eine Liste von Männern, die mich für ideal proportioniert halten und sich darüber hinaus sogar spontan für EINEN VON DREI VERFICKTEN TISCHEN ENTSCHEIDEN KÖNNTEN. Ich sage auch noch etwas über seine Mutter. Jetzt ist er auch sauer. Das Essen verläuft in ähnlich mauer Stimmung wie das letzte Abendmahl, und selbst da gab's am Ende noch einen Kuss. Bei uns nicht. Wir fahren schweigend nach Hause, wir knallen Türen beim Zähneputzen, wir verschleppen den Streit wie eine Grippe. In solchen Situationen wäre es doch gut, man könnte auf ein bewährtes Ritual zurückgreifen. Wenn ich ihm zum Beispiel noch im Restaurant die Serviette ins Gesicht werfen könnte und sagen: »Freundchen, wir sehen uns am Freitag um elf beim Paarboxen.« Er würde wissend nicken, und wir wären beide um halb elf da und trügen unsere Streitoutfits.

Es ist doch grotesk, dass Frauen für jede erdenkliche Gelegenheit Klamotten im Schrank haben, aber nichts, was man im Falle von Ärger trägt. Wenn ein berufliches Gespräch ansteht, zieht man sich ja auch entsprechend an. Je wichtiger das Gespräch, desto besser die Klamotte. Man verhandelt keine Gehaltserhöhung im Schlabberlook. Nur beim Streit ist uns das wurscht. Wir streiten, wenn man noch das übergroße Schlaf-T-Shirt mit dem lustigen Snoopy drauf trägt oder, wie ich beim Italiener, in einem luftigen Etwas mit Spaghettiträgern dasitzt. So kann man keinen Streit gewinnen, so wird man nicht ernst genommen. Seine Argumente verlieren ja auch an Schlagkraft, wenn er sie in einem Fußballtrikot vorträgt, das ihm vor zehn Kilo das letzte Mal richtig gepasst hat und auf dem vorne »REWE« steht.

Insofern wäre ein Streitoutfit super. Gerne in verschiedenen Farben und von mir aus auch saisonal unterschiedlich. Wichtig ist nur: Wenn ich das Ding anhabe, weiß mein Gegenüber: Jetzt wird's ernst. Wie gesagt, beim Boxen klappt das ja auch. Von mir aus kann es auch entsprechende Musik geben. Zu allen Zeiten zog man mit musikalischer Begleitung in die Schlacht. Die Hooligans haben auch Schlachtrufe. Ich würde mich besser fühlen, wenn Missy Elliot mich begleitet, bevor ich den Zustand der Beziehung diskutiere. Oder Freundinnen stünden an der Seite und riefen »Jochen, du Arschloch!« oder »Katrin, du schaffst das«, je nachdem. Und ich will zwingend einen Ringsprecher: »In der linken Ecke, knappe Anfang dreißig und praktisch mit Idealgewicht, extrem entschlussfreudig bei der Wahl des Tisches beim Italiener und auch sonst, eine der besten Frauen weit und breit: Kaaaatriiiiin Bauerfeind! Und in der anderen Ecke, der Typ, der sich nicht entscheiden kann und nie zu würdigen weiß, mit welcher Prachtfrau er unterwegs sein darf!«

Wie genau dann der Beziehungs-Clinch aussieht, kann noch überlegt werden. Ich persönlich bin kein unbedingter Fan von Gewalt, finde aber auch nicht, dass man immer alles ausdiskutieren muss. Eine gezielt geworfene Kaffeetasse ist mitunter ein besseres Argument als ein Argument. Frauen müssen aufhören, immer fürs Zivile zuständig sein zu wollen. Ja, komm, ruhig mal mit Haareziehen und Kneifen. Ich sage nicht, dass ich schon die Patentlösung habe. Das Boxen hat sich auch erst langsam entwickelt. Anfangs gab es keine Handschuhe, und die Rundenzahl war nicht begrenzt. Ich mache hier nur mal einen ersten Vorschlag. Die Details sollen andere klären. Es wäre schön, wenn Frauen in hundert Jahren ab und an Blumen an einer schlichten Gedenktafel für mich niederlegen würden, die daran erinnert, dass ich große Verdienste um den Streit zwischen Männern und Frauen hatte.

39
LEBEN WIE EIN MANN

Paris, Stadt der Liebe, Stadt der Diebe. Der Mann und ich standen dort am Gleis der U-Bahn und wollten zum Flughafen, mit Koffern, Rucksack und Taschen. Fehlte nur noch der Aufkleber »Touristentrottel on tour« auf der Stirn beziehungsweise am Arsch, denn dort trug der Mann sein Geld, seine Kreditkarten und Ausweise im Portemonnaie. Entsprechend scharten sich auf dem Bahnsteig die Kleinkriminellen um uns wie die Möwen ums Fischbrötchen, und genau wie zwei Fischbrötchen bekamen wir davon nichts mit. Beim Einsteigen drängelten alle, ein Kind wurde hin und her geschoben, dann stiegen ein paar Leute wieder aus, und zwar genau in dem Moment, in dem der Mann merkte, dass er nun bargeldlos fuhr. Auch kreditkartenlos, ohne Führerschein und Ausweis. Alles geklaut. Die Flugtickets und seinen Reisepass hatte Gott sei dank ich, und ich war natürlich nicht beklaut worden. Ich komme ja aus der Provinz, wo man nur mit Brustbeuteln und Wertsachengürteln das Haus verlässt. Ich habe zudem ein ausgefuchstes System aus Reißverschlüssen und Taschen im Inneren von anderen Taschen. Das hat den Nachteil, dass ich selbst oft eine halbe Stunde brauche, um irgendwas zu finden, aber den Vorteil, dass mir so schnell nichts gestohlen wird. Er hingegen war jetzt blank und völlig auf mich angewiesen. Nur ich hatte noch Geld, Kreditkarten, Führerschein, einfach alles. Ein Ersatz war für den Urlaub so kurzfristig nicht zu organisieren, deswegen musste *ich* mich um alles kümmern. Die Versicherung für den Mietwagen zum Beispiel hatte ich jetzt an der Backe, während der Mann lässig draußen an der Hauswand in der Sonne lehnte. Mietverträge finde ich auf Deutsch schon lästig, hier aber redete die Mietwagenmeisterin ein Englisch, das an meiner Schule nicht unterrichtet worden war. Soweit ich verstand, sollte ich abgesichert werden für den Fall, dass der Wagen spontan durchrostete, als Autobombe missbraucht oder von einem Transformer für ein Autobot gehalten wurde. Ich war verwirrt, der Mann aber lehnte noch immer an der Hauswand.

Durch die französischen Arschlöcher war ich jetzt auch die Einzige mit gültigem Führerschein und musste uns deswegen die ganze Zeit fahren. Zwei Wochen lang bezahlte ich sämtliche Einkäufe, Benzin, jedes Abendessen und die Liegestühle am Strand. Ich gab Trinkgeld und löste Tickets für Sehenswürdigkeiten. Es ging mir nicht ums Geld, eher um die Haltung. Der, der bezahlt, bestimmt auch, der, der das Geld hat, hat auch die Verantwortung, solche Dinge gingen mir durch den Kopf. Es verschoben sich ganz allmählich kleine Erdplatten in unserer Beziehung. Es ging um Kleinigkeiten. Wir saßen abends auf der Couch des Ferienhauses und sahen eine Folge *Greys Anatomy*. Plötzlich legte ich den Arm raumfüllend auf die Rückenlehne, machte mir ein Bier auf und fand die Serie überschätzt. Am nächsten Tag sah ich am Strand den Tangas hinterher, ohne Absicht, einfach so. Der Kopf drehte sich quasi von selbst, wie ein Radar. Ich schwamm im Meer, obwohl die rote Fahne am Strand Gefahr signalisierte, aber ich war mir sicher, dass ich nicht gemeint war, sondern nur kleine Kinder und Pussies. Ich hatte schließlich vor nicht mal fünfzehn Jahren ein Schwimmabzeichen in Gold gemacht und dachte deswegen, ich könnte im Wasser locker mit jedem Fisch mithalten. Ich nahm mittags plötzlich nicht mehr den Salat, sondern den Burger mit Pommes und machte mir nicht einen Gedanken über Kalorien. Stattdessen setzte ich mich so, dass ich den Fernseher mit den Sportübertragungen im Blick hatte. Ich war nicht mal annähernd auf dem Laufenden über die spanische Liga, aber Fußball ist Fußball, dachte ich zu meiner eigenen Überraschung. Auch einen richtigen Ball, der am Strand von Kindern zufällig in unsere Richtung geschossen wurde, musste ich zurückschießen. Ich konnte ihn einfach nicht liegen lassen. Es war schließlich ein Ball! Der Mann sah mich zunehmend merkwürdig an. Unsere Gespräche wurden einsilbiger. Abends fiel plötzlich der Fernseher in der Ferienwohnung aus, und ich ging zielsicher zur Satelliten-Anlage, wackelte an Kabeln, zog den Stecker und tat, als wüsste ich, um was es ginge. Ich hörte auf, mich zu schminken, ich hörte auf, mir Gedanken über den Lichtschutzfaktor zu machen, ich ging an Schaufenstern vorbei, als wären sie aus Beton, und dachte nicht darüber nach, ob ich das T-Shirt, das ich trug, schon am Vortag getragen hatte. Zwei Tage später wachte ich auf und war endgültig ein Mann.

So was kannte ich bislang nur aus SAT1 FilmFilmen, aber jetzt war es wirklich passiert, und zwar mir. Ich war irritiert, erstaunt und verwirrt, ein Zustand, der nicht lange anhielt. Schließlich war ich jetzt ein Mann. Entsprechend schnell hörte ich auf, alles zu hinterfragen. Ich versuchte das Beste aus der Situation zu machen, und das Beste war, dass ich jetzt beide Seiten kannte. Ich war damit der erste Mann, der die Frauen wirklich verstand. Ich war quasi Franz von Assisi, nur mit Frauen statt Tieren und ohne die Religion. Ich wusste aus meinem bisherigen Leben, was Frauen wollen, wie sie ticken, was sie fühlen, aber ich war trotzdem nicht schwul. War ich doch nicht, oder …? Ich sah rüber zu meinem noch schlafenden bargeldlosen Begleiter und merkte, nein, schwul war ich nicht. Ich merkte es noch deutlicher, als mein Blick auf eine Werbung mit einer leichtbekleideten Frau fiel. Nein, ich war definitiv nicht schwul. Ich legte meinem Begleiter einen entschuldigenden Zettel hin und ging zum Strand. Ich wollte nachdenken. Nur weil ich jetzt ein Mann war, musste ich damit ja nicht sofort aufhören.

Ich lag kaum auf meinem Badetuch, als sich nebenan eine Frau niederließ. Ich lächelte hinüber, so wie ich früher jahrelang angelächelt werden wollte, und es funktionierte. Sie lächelte zurück, wir kamen ins Gespräch, und ich unterhielt mich blendend mit Silvana. Sie war dunkelhaarig und sah klasse aus. Das fand der Mann in mir, aber auch meine weibliche Seite erkannte das an. Silvana war fasziniert. Sie konnte kaum glauben, dass ich mit ihr über die Schwierigkeiten, einen guten Bikini zu finden, reden konnte und trotzdem in der Lage war, die Bierflasche an der Kante des Liegestuhls zu öffnen. Wir machten einen Spaziergang am Strand, und die weibliche Stimme in mir riet, Silvana nicht dauernd heimlich auf den Hintern zu glotzen, sie nicht ständig »absichtslos« zu berühren, nicht permanent meinen Bauch einzuziehen und auch nicht die ganze Zeit peinlich zu posen. Der Mann, der ich jetzt war, war klug genug, auf die innere Frau zu hören, und so redeten Silvana und ich stattdessen über Bücher, die uns beeindruckt hatten, wie unmöglich Kaffeekapseln sind oder karierte Holzfällerhemden zum Hipsterbart. Ab und zu setzte sich auch der neue Mann in mir durch, und ich spritzte Silvana nass oder hob sie hoch, um so zu tun, als würde ich sie ins Meer werfen. Die älteste Masche der Welt eben. Aber die Mischung war perfekt. Wir verabredeten uns für den Abend bei einem Italiener. Dort ging meine innere Zwiesprache weiter. Die ehemalige Frau in mir riet dem jetzigen Mann, der ich war, keine blöde Bemerkung und keine Grimasse zu machen, nur weil Silvana sich erst für kein Gericht entscheiden konnte und am Ende doch lieber meins gehabt hätte. Es war anstrengend. Als Mann versuchte ich herauszufinden, ob Silvana womöglich operierte Brüste hatte, gleichzeitig redete die Frau in mir mit der Frau vor mir über unsere besten Urlaubsziele und unsere Familien. Nach dem Tiramisu bezahlte ich, brachte sie zu ihrem Hotel und verabschiedete mich auf Anraten meiner inneren Frau ohne peinliches Rumgeeier. Ein sehr guter Tipp, wie sich herausstellte, denn Silvana bot von sich aus an, noch mit ihr aufs Zimmer zu gehen. Wir machten eine kleine flüssige Inventur ihrer Minibar, und während meine männliche Hälfte ihr beiläufig den Arm umlegen wollte oder plante, zufällig neben ihr aufs Bett zu fallen, riet die weibliche Hälfte dringend ab. Erst als sie fand, alle Zeichen stünden auf Grün, machte ich den nächsten Schritt, und, bingo!, Silvana erwiderte schon meinen ersten Kussversuch als Mann mit einer derartigen Leidenschaft, dass ich offenbar einiges richtig gemacht hatte. Zum ersten Mal würde ich jetzt wohl Sex aus der anderen Perspektive erleben …

»Stop! Aus! Halt! Sag mal, wo hast du die Klischees denn her? Aus'm Ausverkauf? Die sind jedenfalls superbillig!«

Jetzt bin ich irritiert. Zu den inneren Stimmen gesellt sich noch eine weitere.

»Ja, hallo, ich bin dein Leser, Katrin! Ganz recht, ich bin ein Mann und lese dein Buch! Ich weiß, dass dich das irritiert, Männer, die was über Frauen lesen, kommen ja in deinem Universum nicht vor, aber ich muss mich jetzt hier mal einmischen, auch im Namen aller anderen Männer. So wie du uns hier beschreibst, sind wir doch gar nicht! Das sind doch wirklich alles Klischees.«

»Mitten in der Geschichte zu unterbrechen und mich nicht ausreden zu lassen bestätigt doch schon mal mindestens ein Klischee!«

»*Ja, gut, aber die ganzen anderen Sachen, die du beschreibst, das Flirten zum Beispiel …*«

»Alles zig Mal so erlebt. Von Anfang an. Als ich zum ersten Mal mit einem Jungen im Kino war, hatte er *Cool Runnings* ausgesucht, einen Film über die jamaikanische Bobmannschaft, die bei Olympia mitmachen wollte. Also in etwa so romantisch wie die *Tagesschau*. Im ganzen Film nicht eine Szene, die als Annäherungsversuch taugt. Also tat der Junge irgendwann so, als müsse er sich strecken, sein Arm lag dann auf meiner Lehne und rutschte von da aus wie eine Lawine langsam runter auf meine Schulter. Und blieb da liegen. In der Top Ten der unangenehmsten Situationen meiner Jugend sind die verflixten Arme, die irgendwann auf meiner Schulter lagen, sehr weit vorne.«

»*Aber ein erstes Date im Kino ist ja auch was für Teenies. Erwachsene machen das doch anders. Ich koche zum Beispiel gerne was …*«

»Ja, prima, find ich gut. Machen jetzt viele Männer. Aber der letzte kochende Mann hat mehr mit seinen Hackbällchen geredet als mit mir. ›Jetzt schwitzt doch mal‹, hat er sie angeschrien, während ich mir den Rotwein reingekippt habe. Nach dem Essen setzte ich mich auf die Couch, und da wollte er erst noch die Küche fertig machen …«

»*Dir kann man's aber auch nicht recht machen.*«

»Deswegen ging's in der Geschichte ja um die richtige Mischung … Bevor du mich unterbrochen hast …«

»Ja, gut, sag ich halt nichts mehr, dann erzähl sie jetzt zu Ende.«

»Nee, jetzt hab ich keine Lust mehr!«

»Also, siehste, das ist ja mal wieder typisch Frau!«

40
RÜLPSEN IN HIGH HEELS –
FRAUEN UND SCHUHE

»Ruckedigu, Blut ist im Schuh, der Schuh ist zu klein, die rechte Braut sitzt noch daheim«, so pfeifen es schon bei Aschenputtel die Tauben vom Baum. Die schlechten Schwestern haben Riesenlatschen und kriegen deswegen den Prinzen nicht. Ich will es nicht komplett den Brüdern Grimm in die, nun ja, Schuhe schieben, aber auch dieses Märchen trägt dazu bei, dass Schuhe für Frauen so eine Bedeutung haben. Jeder Schuh ist ein Versprechen. Heute vielleicht nicht mehr auf ein ewig glückliches Leben mit einem jungen Adeligen, aber noch immer kaufe ich Turnschuhe und habe schon beim Anprobieren das Gefühl, dass sich schlagartig meine Kondition verbessert. Ich bewege mich anders, ich stehe anders, ich *bin* anders. Ich kaufe hohe Hacken und habe gleich immens an Eleganz gewonnen. Auf High Heels zu rülpsen ist immer noch stilvoller als in Badelatschen Goethe zu zitieren. Dabei sehen meine Füße so aus, dass man sie eher einem Mann zuordnen würde beziehungsweise einem Hobbit, einem ungewöhnlich großen Hobbit. Ja, ich habe Hobbit-Füße. Deswegen tauche ich auch auf Fußfetisch-Internetplattformen nicht auf. Auf einem Fahrrad begraben meine Füße die Pedale unter sich und stoßen gleichzeitig vorne ans Schutzblech. Dabei sollten Frauenfüße so sein wie Tierbabys oder Gregor Gysi: klein und niedlich. Größe 36 oder 37 sind das 90–60–90 für Füße. Man kann alles tragen und sieht super aus.

Meine Füße haben keine Modelmaße, sondern Übergröße. Schuhgröße 41. Genaugenommen sogar 42, vielleicht noch größer. Meine Wanderschuhe in 41 führten jedenfalls zu handtellergroßen Blasen an den Füßen. Ich konnte sie nicht wieder anziehen, nachdem ich sie auf dem Gipfelkreuz ausgezogen hatte, und bewältigte den Abstieg auf Socken. Also wollte ich neue kaufen. Der Verkäufer sah auf meine Füße und sagte: »43?«; ich sagte: »Auf keinen Fall«; er sagte: »42?«; ich sagte: »Auf keinen Fall.« Ich plädierte für 41, eher 40, je nachdem wie sie ausfallen. Er sagte: »Auf keinen Fall.« Seine Devise für Frauenschuhe sei dieselbe, wie er sie Frauen auch in Bezug auf Männer ans Herz lege: Such dir den, der am besten passt, nicht den, der am besten aussieht. So was kann natürlich nur ein Mann sagen, denn, jetzt die Fragen an alle Leserinnen:

Sind Sie lieber sexy oder gemütlich?

Sind Sie lieber begehrenswert oder respektiert?

Hätten Sie lieber Ashton Kutcher an den Füßen oder Steffen Seibert?

Eben.

Füße und Schuhe stehen da ja nur quasi symbolisch für den ganzen Rest der Frau. Das ist der Unterschied zu Männern. Die beschäftigen sich nur mit der Schwanzgröße. Da hält man mit dreizehn einmal ein Geodreieck dran und hat dann den Rest der Pubertät Zeit, sich mit der Größe abzufinden oder später auf die zahlreichen Angebote im Internet zur Penisvergrößerung einzugehen. Frauen hingegen hadern mit Größe und Form ihrer Brüste, mit Größe und Form ihrer Füße, mit Größe und Form des Hinterns, der Nase, der Augen und selbst wenn das alles spitze ist, haben wir Winkearme, ein Doppelkinn oder blöde Haare. Reden wir uns zumindest ein oder lassen wir uns einreden. Deswegen sind Schuhe und Füße auch so wichtig. Deren Form und Größe steht irgendwann fest. In das Lieblingskleid passen wir nicht mehr rein, seit wir das Kind haben oder die Gefriertruhe mit den Häagen-Dasz-Vorräten, die geile Jeans spannt plötzlich an den Oberschenkeln, die schöne Bluse ist über Nacht von den Kalorien enger genäht worden, aber Schuhe passen immer. Wenn man sie in der richtigen Größe hat.

In meiner Jugend gab es große Füße noch gar nicht. Zumindest waren sie in Schuhläden nicht vorgesehen. Die Verkäufer reagierten auf meine Frage nach Größe 41 so wie Kellner im Drei-Sterne-Restaurant, wenn man Ketchup ordert. Größe 41 war irgendwie unanständig. Vor meinem sechzehnten Lebensjahr war ich sogar stolz auf meine großen Füße. Meine Turnschuhe mussten immer in der Männerabteilung gekauft werden. »So ein großes Mädchen«, sagten die Verkäufer dort, was mir gut gefiel. Ich fühlte mich erwachsen. Dann gingen die Witze los: »Hier lebt wohl jemand auf sehr großem Fuße!«, »Hey, Katrin, bist du schon mal in deinen Schuhen übern Neckar gerudert?«, »Das sind keine Schuhe, das sind Kindersärge«. Außer mir fand anscheinend niemand große Füße gut. Vor allem Jungs wollten süße, kleine Mädchen, mit süßen, kleinen Füßen. Sie wollten jedenfalls nicht mit ihrer Freundin die Schuhe tauschen können. Seitdem versuche ich, mich in 40 zu quetschen, und erst wenn die Füße schon im Laden blau anlaufen, probiere ich sie in 41. Wenn eine Frau Schuhe unbedingt haben will, rechnet sie den Schmerz von fünf Minuten Anprobieren im Laden hoch auf einen ganzen Tag und kommt meist zu dem Ergebnis: »Ja, geht, muss ich die Zähne zusammenbeißen, kann man aber kaufen!« Schuhe sind allerdings heimtückisch wie Mafiosi und bringen einen um, sobald man sie bezahlt hat. Schuhe, die im Laden noch okay waren, erweisen sich zu Hause als untragbar. Sie werden bestenfalls zu Sitzschuhen, also symbolische Fußbekleidung, in den meisten Fällen aber bleiben sie ungetragen. Laut einer englischen Studie haben Frauen, die zwanzig Paar Schuhe im Schrank hatten, elf davon nie getragen. Elf von zwanzig! Bei einer vergleichbaren Studie in Deutschland würde ich den Schnitt noch weiter nach oben drücken. Wie viele High Heels ich schon gekauft habe, in der Hoffnung, dass die Füße und damit auch ich dadurch graziler wirken. Meist aber besteht der einzige Effekt der Edeltreter in dem Satz: »WOW! Ich wusste gar nicht, dass es solche Schuhe noch in der Größe gibt!«

Die Unveränderbarkeit der Füße macht einem noch mal deutlich, dass man früher oder später anfangen muss, sich zu akzeptieren. Sollten Sie mich eines Tages entspannt in Birkenstocks Größe 43 antreffen, wissen Sie, dass ich es geschafft habe.

41
VON SPARWAHNSINN UND SCHWABEN-SCHNÄPPCHEN

Neulich war wohl Ladies Night an der Obsttheke. Ich kaufte jedenfalls zwei Mangos im Supermarkt, und der Frische-Chef des Ladens ließ mich wissen: »Wir haben einen Aktionstag. Sie bekommen heute drei für zwei, nehmen Sie sich noch eine.« Es ist derselbe Supermarkt, bei dem der Rasierschaum für Frauen teurer ist als der für Männer. »Danke«, sagte ich, »aber ich brauche nur zwei.« »Nein«, bestand der Sparbeauftragte auf seinem Schnäppchen, so als hätte ich den Giganten-Deal, den er mir angeboten hatte, einfach nicht verstanden. »Sie bekommen noch eine dritte Mango. Umsonst. Nehmen Sie die gleich mit.« – »Wissen Sie«, versuchte ich es noch mal, »ich kenne mich. Die dritte Mango wird es bei mir nicht guthaben. Ich weiß das. Ich werde sie in die Obstschale legen und nicht beachten. Ich werde mir vornehmen, sie zu essen, aber ich habe mir auch schon sehr oft vorgenommen, Spanisch zu lernen, und vermutlich wird selbst diese Mango hier eher Spanisch lernen als ich. Ich werde morgen beruflich aus dem Haus gehen und erst Ende der Woche wiederkommen, wenn die Mango schon alt und schrumpelig ist. Das wird mich daran erinnern, dass auch ich eines Tages alt und schrumpelig sein werde, was mir schlechte Laune machen wird. Am Ende werde ich sie wegwerfen und deswegen ein schlechtes

Gewissen haben, weil man Lebensmittel nicht wegwerfen soll. Ich habe Ihr Etablissement betreten, um zwei Mangos zu kaufen. Dieses Ziel hab ich erreicht, warum sollte ich mir zusätzlich noch schlechte Laune und ein schlechtes Gewissen in den Korb legen?« Er fing an zu diskutieren. Er verstand nicht, wie man etwas, das es umsonst gab, einfach nicht haben wollen konnte. Am Ende ging der Herr des jungen Gemüses weg und brummte etwas von modernen Frauen, die zu verstehen über seinen Horizont ginge. Er formulierte es etwas anders und sagte: »Die spinnen alle, die jungen Weiber!«

In der Tat: Eine meiner Omas hat früher in den Einkaufsprospekten die Sonderangebote angekringelt, anschließend fuhren wir die betreffenden Läden ab. Wenn der Kaffee ein paar Pfennig billiger war, tuckelten wir dafür durch ganz Baden-Württemberg. Oma hatte den Krieg mitgemacht und rechnete deswegen jederzeit damit, dass es plötzlich wieder keinen Kaffee mehr geben könnte, oder zumindest nie wieder so billig wie jetzt. Deswegen hatten wir größere Kaffeevorräte als Kolumbien.

Als ich Mitte der Neunziger nach Frankreich zum Schüleraustausch fuhr, sollte ich ein Gastgeschenk mitbringen. Nimm doch Kaffee und Brot mit, hieß es, das können sie im Ausland nicht. Ich fand, Brot würde die lange Reise vielleicht nicht gut überstehen, also blieb Kaffee, davon stand der Keller ja voll. Ich griff zu einer Marke, die in der Werbung immer angepriesen wurde, und fand dann heraus, dass er acht Jahre zuvor abgelaufen war, zeitgleich mit der deutschen Teilung. 1989. Der Kaffee hatte sich länger gehalten als die DDR. Damit war es also im Grunde historischer Kaffee, fand die Oma, insofern regelrecht wertvoll, außerdem war er ja vakuumverpackt. Das konnte man den Franzosen schon noch schenken, fand sie. Vielleicht rechnete sie im Kopf schon die Zinsen aus, die der, vermutlich Anfang der Achtziger gekaufte, seinerzeit bestimmt enorm günstige Kaffee für sie bis dahin schon abgeworfen hatte. Dafür konnte man eine Verschlechterung der deutsch-französischen Beziehungen ruhig in Kauf nehmen.

Wir sind damals teilweise fünfzig Kilometer weit gefahren, weil da das Benzin zwanzig Pfennig billiger war. Nachmittagelang waren wir unterwegs, um fünf Mark zu sparen. Meine Großeltern und Eltern haben sich häufig gegenseitig für alles Mögliche geworben, um eine Abo-Prämie zu bekommen. Oft genug war es ein Staubsauger. Wir alle hatten schon einen Staubsauger, bekamen aber ständig noch weitere dazu. Es schien mitunter, als hätten wir ein Staubsauger-Abo abgeschlossen und bekämen als Prämie noch die HörZu. Wir hätten ohne Probleme weite Teile der Sahara aufsaugen können. Aber, hieß es, falls ein Staubsauger mal kaputtgeht, hat man schon einen in Reserve, und der kostet dann nichts. Schade, dass es meines Wissens keinen Staubsauger gab, der mit Kaffee betrieben werden konnte, das wäre für alle wahrscheinlich das ultimative Sparglück gewesen!

Als meine Großeltern starben, vererbten sie uns ein komplettes Zimmer mit Prämien von Zeitschriftenabos. Fünf Staubsauger, allein im ersten Regal! Bis ganz nach hinten traute sich niemand. Dort lagerten vermutlich noch Prototypen von Staubsaugern, für die seit dreißig Jahren keine Beutel mehr lieferbar waren. Die Gesamtersparnis in diesem Zimmer belief sich unterm Strich auf geschätzt knapp 50 Mark. Man kann mit Fug und Recht sagen, dass meine Familie sich nach Kräften bemühte, die Vorurteile gegenüber Schwaben ja nicht zu verwässern. Die Männer machten da sicher keine Ausnahme, aber die treibenden Kräfte dahinter waren die Frauen. Nicht umsonst hat sich bis heute in den Reden von Angela Merkel die schwäbische Hausfrau gehalten, nicht der schwäbische Buchhalter oder der kleine Mann aus Baden-Württemberg. Es war zu Hause eine Selbstverständlichkeit, dass eine Frau, egal ob

Hausfrau oder berufstätig, den Pfennig ehrt, auch wenn er sich jetzt Cent nennt.

Es hat lange gedauert, bis ich mich davon freimachen konnte. Früher konnte es passieren, dass meine WG-Mitbewohnerin sich bei mir drei Scheiben Brot auslieh, die ich eisenhart zurückverlangte, sobald sie wieder Brot hatte. Ein von mir bestellter und bezahlter Cappuccino wurde von mir so überwacht wie die Staatsgrenze von Nordkorea. Keiner hatte da was dran zu suchen.

Geheilt wurde ich erst im Rheinland. Ein Kommilitone, Tommi hieß er, zeigte mir einen Tag lang Bonn, wo ich demnächst studieren sollte, und bezahlte alles: Museum, Mittagessen, Kino, Getränke! Ich ratterte im Kopf die Euros zusammen und kam auf annähernd dreißig. Beim Abendessen traute ich mich zu sagen: »Ich glaube, ich kann deine Erwartungen an mich nicht erfüllen.« Der Tommi ist fast vom Stuhl gefallen, so gelacht hat er. »Hier geben Leute ein Monatsgehalt an fünf Tagen Karneval aus, weil Geld egal ist, wenn man eine gute Zeit hat.« So etwas Verrücktes hatte ich noch nie gehört! Spaß am Ausgeben, gute Laune, weil man seine Kröten auf den Kopf haut, womöglich gar auf den eigenen! Geld nicht als etwas zu betrachten, das man unbedingt behalten will, denn, wie der völlig aus der Art geschlagene schwäbische Vater einer Freundin sagte: »Was mach'sch mit dem g'schparda Geld?« Ich hab mich das lange nicht gefragt. Wofür spart die schwäbische Hausfrau eigentlich? Ich bin mir nicht sicher, ob sie es selbst weiß. Aber, seit die schwäbische Hausfrau für mich nicht mehr Germanys Next Role Model ist, weiß ich, Geld ist wichtig, Geld bedeutet Unabhängigkeit, Sicherheit, ein Dach über dem Kopf, aber es kann mehr Spaß machen, sich manchmal etwas zu kaufen, was man sich nicht leisten kann, und dafür die dritte Mango nicht mitzunehmen. Aus dem Supermarkt ging ich jedenfalls pfeifend …

42
ALLE MEINE FRAUEN.
GIPFELTREFFEN MIT MAMA UND OMA

Mein erstes Buch brachte Ärger. Ich hatte zum Beispiel geschrieben, dass es in meinem Heimatort früher eine Videothek mit zwei Eingängen gab, einem normalen und einem für den Bereich ab 18, also für »die Perversen«, wie ich als Kind dachte. Viele Aalener fanden, ganz Deutschland hätte jetzt den Eindruck, »als däded mir net wissa, was a Sexshop isch. Also, auf d'r Brodsupp semmer ja jetzt au net daher g'schwomma, gell?«. Übersetzt in Amazon-Bewertungen waren das für mein Buch also einer von fünf Sternen.

Verwandte liefen zu anderen Verwandten, um ihnen die Stellen zu zeigen, in denen sie vorkamen, und einige Frauen in der Familie hatten das Gefühl, sie seien zu schlecht weggekommen. In weiser Voraussicht änderte ich in allerletzter Minute im Manuskript noch eine Geschichte und schob darin ein eher hässliches Geschenk, das meine echte Oma mir mal gemacht hatte, einer imaginären Tante unter, nur um Wochen später zu hören, dass die Oma sich an die ganze Sache gar nicht mehr erinnern konnte. »I ko mir doch net jeden Scheißdreck merke, den i scho mol verschenkt hab!« Ich machte mir jedenfalls keine Freundinnen.

Fürs neue Buch hatte ich mir deswegen vorgenommen, nicht mehr über Familiäres zu schreiben. Aber je mehr ich schrieb, umso mehr merkte ich, dass ich an meiner Oma und meiner Mutter nicht vorbeikommen würde. In allen Frauenfragen haben sie mich nun mal geprägt. So entschied ich mich für einen Frauengipfel *im* Buch, um möglichem nächsten Ärger schon im Vorfeld auszuweichen. Bei Kaffee und einem vom Bäcker selbstgemachten Kuchen sprach ich mit meinen Erziehungsberechtigten über Frauen.

Meine Oma verstand das Thema nicht. Sie wurde geboren, ein Jahr bevor Hitler Reichskanzler wurde, vierzig Jahre bevor Frauen in der Schweiz wählen konnten, fünfundsechzig Jahre bevor Vergewaltigung in der Ehe strafbar wurde. Frauenthemen standen für sie deswegen nicht sehr weit oben. Auch meine Mutter fand sowohl den Kuchen als auch die Frage nach Frauen weithergeholt. Zu »ihrer Zeit« hätte keiner so ein Buch geschrieben, sagte sie. »Ihre Zeit« war kurz nachdem Alice Schwarzer angefangen hatte, den Deutschen die Emanzipation näherzubringen. Dennoch sei das damals für sie kein Thema gewesen. »Wir hatten ganz andere Sorgen …« Welche denn? »Das sagt man nur so«, sagte sie. Eigentlich hatte sie nämlich viele Sorgen der Oma-Generation schon nicht mehr. Kein Krieg, kein Hunger, keine Angst, nicht zu wissen, was morgen ist. Dafür eine Festanstellung, ein Auto und drei Wochen Urlaub im Jahr. Vieles, was heute von Frauen hinterfragt wird, hat sie früher einfach gemacht, ohne groß darüber nachzudenken. Kinder zum Beispiel. Ein Thema, bei dem sich auch die Oma wieder einschaltete. »Für Bauern waren Kinder früher eine Altersvorsorge. Je mehr Kinder, desto größer die Wahrscheinlichkeit, dass eines davon mal den Bauernhof übernahm.« Entsprechend bekam sie vier Kinder. Keins davon übernahm später den Hof. Meine Mutter bekam nur noch ein Kind, nämlich mich, aber dabei hat sie nicht jahrelang die Vor- und Nachteile der Mutterschaft abgewogen. Als sie in meinem

Alter war, war ich schon zehn. Ich dagegen höre heute noch immer nicht die biologische Uhr, bin aber umgeben von spätgebärenden Frauen, die alles richtig machen wollen, Dutzende Ratgeber lesen, Kurse belegen und schon vor der Geburt einen Kita-Platz aussuchen müssen.

Die Pädagogik zu Omas Zeiten war noch eher rustikal. Wenn das Kind schrie, hieß es, das sei gut für die Lungen. Irgendwann würde das Kind auch wieder aufhören zu schreien. Das war keine Lieblosigkeit, sondern Pragmatismus. Omas Aufmerksamkeit geteilt durch vier und einen Bauernhof. Ich konnte nachmittagelang unbeaufsichtigt durch Felder und Wälder streifen. Ich kam selbständig zu den Mahlzeiten nach Hause, ansonsten: kein Handy, keine Kontrolle. Ich durfte machen, was ich wollte. »So ins Kind reingucken, wie das heute viele machen, wär früher gar nicht möglich gewesen. Wir hatten Kühe zu melken und Felder zu beackern.« Meine Oma sagte das ohne Bedauern.

Und Feminismus? »So was gab's damals nicht«, stellte die Oma fest. »Ich hätte gerne viele Dinge anders gemacht, aber am Ende hat eben der Mann entschieden. Das hat man nicht hinterfragt. Ich fand das meist nicht schlimm.« Sie ist nie in Urlaub gefahren, die Oma. Es gab eben Kühe und Äcker, die man nicht allein lassen konnte. Ein einziges Mal haben meine Großeltern eine Reise geplant. Eine Woche Zillertal, gemeinsam mit einem befreundeten Ehepaar. Am Tag der Abreise, die Koffer waren gepackt, die Stullen geschmiert, Omas Vorfreude groß und das befreundete Paar schon auf dem Weg, fragte mein Opa: »Müssen wir wirklich in den Urlaub? Es wär doch besser, wir würden abends im eigenen Bett schlafen.« So hat mein Opa quasi last minute den ersten und einzigen Urlaub im Leben meiner Oma abgesagt. Es gab keine Diskussion, kein fliegendes Geschirr und keine Paarberatung. Es gab nur dieses »es wär doch besser, wir würden abends im eigenen Bett schlafen«.

Meine Mutter hätte sich den Urlaub schon nicht mehr so einfach absagen lassen, käme aber auch bis heute nicht auf die Idee, zum Beispiel allein in den Urlaub ins ferne Ausland zu fahren. Das wäre ihr zu gewagt.

Obwohl also weder meine Oma noch meine Mutter allzu feministisch unterwegs waren, bin ich in Frauenfragen halbwegs selbstbewusst geworden. Alleine in den Urlaub zu fahren ist für mich eine Selbstverständlichkeit. Genau das war meiner Mutter bei meiner Erziehung wichtig. »Ich wollte, dass du deinen Weg gehen kannst, dass du erreichen kannst, was du dir erträumst, dass du die Möglichkeiten nutzen kannst, die du hast, unabhängig davon, ob du ein Mädchen oder ein Junge bist.« Genderneutralität in der Erziehung, lange bevor das ein Thema wurde.

Und Männer? Meine Mutter hat früher noch selbstverständlich dreckige Socken weggeräumt und ging ebenso selbstverständlich davon aus, dass Männer von Natur aus vor einer Waschmaschine zurückschrecken wie ein Vampir vor Knoblauch. Ein Mann in der Küche musste sich dahin verlaufen haben, und wenn er etwas putzte, dann höchstens das Auto. Die alten Gags, die auf »dann bring doch wenigstens den Müll runter« endeten, waren bei ihr noch Alltag. Auch einer der Gründe, warum die Frauen in meiner Familie später häufig allein lebten und leben. Irgendwann hatte keine mehr Lust, für einen Mann die unbezahlte Haushaltshilfe zu sein.

Meine Oma war mit meinem gekauften Kuchen unzufrieden. So was hätte es früher nicht gegeben. Noch heute kocht und backt sie alles selbst. Ich hingegen bin nicht sicher, wo bei uns der Allzweckreiniger steht, ich kann dünsten nicht von garen unterscheiden und bekomme an vielen Tagen des Jahres sogar morgens den Kaffee ans Bett gebracht. Etwas, das meine Mutter, wenn überhaupt, nur am Muttertag erwartete. Für Oma gab es nicht mal das. Für sie war die Arbeitsaufteilung klar. Opa stand auf dem Feld, sie in der Küche. Selbstständlich nachdem sie vorher im Stall gestanden hatte. Genauso klar war, dass der Opa die Essenszeiten bestimmte und stets das größte Stück Fleisch bekam.

Umso erstaunlicher, dass etliche Frauen aus meiner Generation so ein Modell heute wieder ganz gut finden. Sie haben sich das mit der Karriere anders vorgestellt, haben keine Lust auf berufliche Verantwortung und bleiben freiwillig mit den Kindern zu Hause, solange der Mann die Kohle ranschafft. Ist ja auch in Ordnung, solange sie frei wählen können, für welche Variante sie sich entscheiden.

»Findet ihr, dass ich es besser habe als ihr?« Die beiden Frauen denken kurz nach. »Einerseits schon«, sagt Oma, »aber auf der anderen Seite hatten wir's auch leichter. Ihr quält euch oft mit Entscheidungen, die wir gar nicht treffen mussten. Im Nachhinein mag man das schlecht finden, aber damals war's einfach normal.« Auch meine Mutter hat nicht hinterfragt, welche Möglichkeiten sie als Frau hatte oder nicht.

»Aber ihr habt keine Probleme damit, dass ich was über euch ins Buch schreibe?«

Das war ja das eigentliche Ziel des Nachmittags, deswegen hab ich ja in Kaffee und Kuchen investiert, ich wollte eine Blanko-Vollmacht. Noch sehe ich in zweifelnde Gesichter.

Ich versuche es anders: »Vielleicht lesen das jüngere Frauen und denken, ich müsste mal mit meiner Oma über Frauenfragen reden, oder: Ich weiß gar nicht, was meine Mutter über Feminismus denkt, ich muss sie mal fragen. Dann hätten wir ja immerhin was erreicht.«

Den Ehrgeiz haben die beiden nicht. »Du machst doch eh, was du willst«, sagt meine Mutter, und es klingt nicht resigniert, nur nach wenig Lust auf Diskussion. Die Oma nimmt das letzte Stück Kuchen und sagt: »Mir ist egal, was du über mich schreibst, Hauptsache, du schreibst ›Meine Oma ist für ihr Alter erstaunlich schlank‹.«

43
SCHWÄBISCHE WEISHEITEN ODER DAS OMAORAKEL HAT IMMER RECHT

Meine Oma ist für ihr Alter erstaunlich schlank. Aber ihre eigentliche Stärke liegt woanders. Sie ist nämlich weise. Sehr weise.

Das Orakel von Delphi hatte, der Überlieferung nach, eine relativ hohe Trefferquote. Gegen meine Oma kann das Orakel aber einpacken. Die hat immer recht. Immer. Beim Orakel brauchte man ein Omen, einen Oberpriester und einen Altar. Meine Oma muss man bloß fragen. Dem griechischen Orakel durften einfache Leute nur Fragen stellen, auf die sich mit ja oder nein antworten ließ. Meine schwäbische Oma ist mit ihrer Weisheit oft viel freigebiger, sie liefert immer auch noch eine Begründung.

»SOLL ICH IN URLAUB FAHREN?«

»Nein«, sagt die Orakeloma und fügt an: »Warum bleibst du nicht zu Hause? Hier ist es doch auch schön.«

Heute kann ich zugeben, dass es eine Zeit gab, in der ich nicht wusste, wie weise meine Oma ist. Da fuhr ich nämlich trotzdem los, denn ich dachte, zu Hause bin ich ja immer, und die Welt ist groß. Mit Glück gibt es da draußen noch mehr

Orte, an denen es schön ist. Ich versuchte es in der Karibik. Im türkisblauen Wasser baden, in der linken Hand einen Cocktail, in der rechten ein Buch. So dachte ich. Die Karibik hat nämlich ein ganz anderes Lebensgefühl, ein ganz anderes Flair. Was sie auch hat, die Karibik, ist Regenzeit. Und zwar jetzt. Wusste ich auch vorher, ist in der Karibik aber kein Ding, hatte es geheißen. Da regnet es kurz, und dann ist alles wieder prima. Es sei denn, es regnet länger. Dann ist es auch erstaunlich kühl, dafür, dass es in der Karibik so warm sein soll. Der Regen bringt nicht nur Abkühlung, sondern auch Stechmücken. Die gehören biologisch nicht zu den Einzelgängern, sondern sind klassische Herdentiere. Und sie sind auch keine Allesfresser, sondern ernähren sich ausschließlich von mir. Ich war nämlich so zerstochen wie ein Junkie im Klo vom Bahnhof Zoo. Dagegen war selbst die Müritz ein Paradies, und da hatte ich vor Jahren das Essen rennend eingenommen, mit einer Kapuze über dem Kopf, um den Viechern zu entkommen. Auch in Schottland hatten sich mitunter die tiefhängenden schwarzen Gewitterwolken als Mückenschwärme entpuppt. War aber alles nichts gegen die Karibik. Ich habe zum ersten Mal gegoogelt, ab wie vielen Stichen ein Mensch stirbt. Anschließend hab ich chemisch aufgerüstet. Über handelsübliches Autan und ähnlichen Schnickschnack lachten die Biester herzlich. Deswegen kaufte ich sämtliche Produkte aus dem örtlichen Supermarkt, auf denen eine Mücke abgebildet war. Die meisten machten keine Angaben über Inhaltsstoffe. Ich besprühte mich vermutlich mit Napalm. Die Mücken waren entsprechend beeindruckt, zumindest bis die Wirkung der chemischen Keule wieder nachließ. Also nach circa einer Viertelstunde. Ständiger Juckreiz ist der Erholung nicht unbedingt förderlich, auch nicht der Harmonie unter den Reisenden. Genau wie die leichte Magen-Darm-Geschichte in Woche zwei, die meinen Aktionsradius doch erheblich einschränkte. Hauptsächlich befand ich mich

rund ums Klo. Aber das Internet funktionierte dort einwand-
frei, und so erfuhr ich von den sommerlichen Temperaturen zu
Hause.

»SOLL ICH MIR DIE HAARE FÄRBEN?«

»Nein«, sagt das Omaorakel. »Mach einfach nix, dann hast du
keinen Ärger«, sprach sie in ihrer unendlichen Weisheit. Ich
aber machte was. Ich tönte, färbte, strähnte und schnitt. Denn,
so steht's im Grundgesetz: Männer putzen samstags das Auto,
Frauen gehen alle sechs Wochen zum Friseur. Farbe wollte ich.
Kupfer, oder wie es einer meiner Facebook-Freunde nennt:
Reh! Ich hätte bitte gerne einmal Haarfarbe Reh. Ich ging zum
Haarprofi, ließ die Spitzen schneiden und die Kopfhaut anfär-
ben. Im Ergebnis sah ich aus wie die Mutter von Pumuckl. Die
Haarfarbe war nicht Reh, sondern Hydrant. Es gab kein Vertun, es war untragbar, also wurde alles wieder entfärbt, bis
es aussah wie vorher, nur anders. Um es gänzlich wie vorher
zu haben, stimmte ich zu, in einem neuen Anlauf die helleren
Spitzen und meinen Naturtonansatz anzugleichen. Also, wieder drauf die Farbe, und diesmal war das Ergebnis: Orange!
Ich habe bei einem anderen Friseur eine ganz neue Farbe geholt
und einen Tag später alles braun gefärbt. Das Orakel zu Hause
machte Spätzle und triumphierte nicht. Meine Oma ist nämlich
sehr weise.

»SOLL ICH EINE DIÄT MACHEN?«

»Nein«, sagt der Dalai Oma. »Das brauchst du nicht.« Sie hat
nie eine Diät gemacht, war aber dennoch nicht zufrieden mit
ihrer Figur. Eine ganz neue Erkenntnis für mich, dass auch
Omas bisweilen ihr Aussehen verändern wollen. Als beklage
sich die Zugspitze plötzlich über ihre Größe. Ich jedenfalls war

überrascht, als Oma eröffnete, sie finde sich zu dick und würde deshalb jetzt abnehmen. Fortan aß sie weniger und wünschte sich von uns Nordic-Walking-Stöcke! Seitdem marschierte die Oma jeden Tag los, während ich erfolglos Pulver kaufte, Apps lud, Tabletten bestellte und mir Elektroplatten umschnallte, um mich richtig durchrütteln zu lassen. Omas Figur blieb unverändert wie die Zugspitze, meine aber auch, insofern hat sie trotzdem recht.

»SOLL ICH DAMIT MAL ZUM FACHMANN?«

»Nein«, sagt die erleuchtete Oma. Sie traut von jeher niemandem, insbesondere aber keinem Banker, Handwerker oder Arzt. Ärzte hält sie nicht für die Götter in Weiß, sondern für Leute, die sich erstaunlich oft vertun. Oma vermutet, schon der Besuch bei einem Arzt bringt sie schneller zum Hauptfriedhof als ein Taxi. Oma weiß auch, dass Handwerker einen abzocken. Handwerker sind oft nur verkleidete Einbrecher. Selbst wenn jemand klingelt und sagt, er sei von den Stadtwerken, kann er gleich wieder umdrehen. Er wird nicht eingelassen. Da hilft kein Zureden, keine Beteuerung und nicht einmal ein Ausweis. Oma wartet, bis die Stadtwerke sich melden und ihr Ärger androhen. Auch die Bank ist für sie nichts weiter als eine ungünstig gelegene Matratze, unter der man Geld parken kann. Als alle Welt Aktien kaufte, orakelte sie: »Liebe, was du hast, dann hast du, was du liebst.« Pragmatisch riet sie also zu Haus und Schmuck. Alles, was man sieht, anfassen und weitervererben kann, ist eine gute Geldanlage, fand sie, während ringsum alle ihr Geld in Indexfonds steckten. Dann gingen die Lehman Brothers pleite, und meine Oma legte zur Feier des Tages etwas mehr Schmuck um als gewöhnlich.

»SOLL ICH MICH AUF FACEBOOK ANMELDEN?«

»Nein«, sagt Omahatma, »ich weiß nicht, was das ist, aber ich bin über achtzig Jahre ohne ausgekommen.« Heute wird fröhlich jede Abtreibung gepostet, während Oma in den letzten vierzig Jahren nicht mal den Nachbarn etwas Persönliches erzählt hat. Sie gehört zur letzten Generation, die noch ein wirkliches Privatleben hatte. Während es bei Mark Zuckerberg heißt: »Facebook ermöglicht es dir, mit den Menschen in deinem Leben in Verbindung zu treten und Inhalte mit diesen zu teilen«, heißt es bei Oma: »Was bei anderen Leuten passiert, geht keinen etwas an.« Junge Leute verstehen den Satz gar nicht mehr. Früher lästerte man natürlich auch, tat das aber im kleinen Kreis auf dem Sofa, hinter dem Rücken der Betroffenen. Heute tut man es für jeden sichtbar im Internet. Meine Oma sieht da keinen Fortschritt.

»BRAUCHE ICH EINEN MANN?«

»Hm«, sagt die Guruoma. Männer sind bei uns selten ein Thema. Wir sind ein Frauenhaus. Im guten Sinn. In meiner Familie sind fast alle Frauen alleinstehend, unverheiratet oder geschieden. Männern gegenüber ist meine Oma skeptisch. Auch die, die ich vereinzelt mitbringe, könnten letztlich nur verkleidete Handwerker sein. Noch skeptischer sind die Frauen meiner Familie, seit sie herausgefunden haben, dass sie selbst den Rasen mähen, einen Nagel in die Wand schlagen oder eine Glühbirne wechseln können. Oma sagt: »Drum prüfe, wer sich ewig bindet, ob sich nicht noch was Besseres findet.« Das heißt, bei Männern und Immobilien hat man sich schnell falsch entschieden, was im Ergebnis teuer und traurig werden kann. Männerlos ist aber auch nicht immer eine Alternative. Ein Mann gehört zu einer Frau wie eine Handtasche. Die braucht man ja auch nicht zwingend, hat aber gern eine.

Entsprechend sahen meine frühen »Beziehungen« auch aus: Mit dem ersten Jungen saß ich einen Nachmittag lang auf einem Garagendach, und er versuchte ständig, heimlich zu furzen. Ich roch es, war aber zu feige, es anzusprechen. So ging es den ganzen Nachmittag. Es war nicht das, was ich mir unter Romantik oder Liebe vorstellte. Immer wenn er anschließend noch mal anrief, musste meine Mutter sagen, ich sei nicht da, verreist, umgezogen, ausgewandert oder auf einer geheimen Weltraummission.

Der zweite Typ hat im Schatten einer Party mit mir geknutscht, was seine Freundin noch am selben Abend herausfand, und zwar in genau dem Moment, in dem ich herausfand, dass er schon eine Freundin hatte. Sie war nämlich auf derselben Party. Dem dritten Jungen war es unangenehm, dass ich mitunter laut sein kann. Als ich auf einer Familienfeier eine meiner berüchtigten Vorführungen machte, schämte er sich in Grund und Boden beziehungsweise in den Keller. Dort blieb er für den Rest des Abends sitzen wie bei einer Luftschutzübung. Ein paar Tage später fuhr er in den Skiurlaub und kam mit einer neuen, stilleren Freundin zurück. Die weise Oma sagte: »Wenn er dich nicht so liebt, wie du bist, war er es sowieso nicht wert.«

In Zukunft höre ich auf jeden Fall immer auf die Oma. Denn ich bin sicher, in einem früheren Leben war die Oma Griechin.

44
FRITTIERTE GUMMIBÄRCHEN – EINE ANTI-DIÄT

20. JUNI

Heidi Klum macht Mädchen krank. Wer Topmodel guckt, wird magersüchtig. Ob ich dazu was schreiben will, fragt eine Redaktion und rennt damit bei mir eine halboffene Tür ein. Einerseits finde ich Heidi Klum nämlich irgendwie prima, weil sie pro Woche neunzehn Sendungen auf drei Kontinenten macht, abends in High Heels ihre zwölf Kinder ins Bett bringt und anschließend trotz Seal, Vito Schnabel und ihrem Vater immer noch bomben Laune verbreitet. Sollte man je mit dem Flugzeug abstürzen und in den Anden landen, würde man sich wünschen, dass auch Heidi mit in der Maschine sitzt. Sie würde nichts essen, nicht jammern, sondern einfach blutend gute Stimmung machen und hätte am Ende eine eigene Schwimmwestenkollektion und zwei Kinder vom Piloten.

Andererseits geht dieser Magerwahn bei den Nachwuchsmodels gar nicht. Gewicht sollte heutzutage keine Rolle mehr spielen. Höchstens bei Fragen wie: »Ist das noch ein Brief oder schon ein Päckchen?« oder »Hab ich Übergepäck, wenn ich meine zwei Fünf-Kilo-Hanteln noch mit in den Koffer packe?«. Gewicht sollte aber keine Bedeutung mehr bei der Frage haben, ob man eine interessante Frau ist. Erfolg kann sich doch bei einer modernen Frau nicht über dasselbe Kriterium definieren wie bei einem Mastschwein.

Ja, genau, sagt die Redaktion, so in etwa haben sie sich das vorgestellt. Ich soll mal schreiben. Einziger Haken: Ich habe gerade mit dem Rauchen aufgehört. Ich hatte schon zu Raucherzeiten die Aufmerksamkeitsspanne eines Moskitos, aber seit ich nicht mehr rauche, kann ich nicht mal einen einzigen Satz zu Ende ... wo war ich? Richtig, ich hab aufgehört zu rauchen. Hab ich das schon erwähnt? Seitdem ist meine Aufmerksamkeitsspanne ... äh ... Moment ... Jedenfalls, was ich sagen wollte, ich kann im Augenblick beim besten Willen nichts aufschreiben ... vielleicht in drei Wochen, wenn diese erste schlimme Phase vorbei ist. Kein Problem, sagt die Redaktion.

07. JULI

Ich rauche nach wie vor nicht mehr, bin aber extrem aggressiv geworden. Die blöde Redaktion hat noch mal angerufen und nachgefragt wegen des verfickten Heidi-Klum-Artikels. Ich hab natürlich noch kein Wort geschrieben, deswegen sage ich, das Ding ist im Grunde fertig, ich muss nur noch mal drübergehen. Die sollen sich nicht so einscheißen, sage ich, glaube ich, auch noch. Meine Nerven sind sehr, sehr dünn geworden. Im Gegensatz zu mir. Ich hab zugenommen. Nicht zu knapp. Kein Wunder. In Situationen, in denen ich früher eine Kippe angesteckt habe, esse ich jetzt. Gummibärchen zum Beispiel. Frittierte Gummibärchen, eingewickelt in Nudeln mit Soße und Kuchen. Ich habe langsam einen Kleiderschrank voll mit Sachen für eine andere Person. Es sind lauter Ex-Klamotten für eine Ex-Raucherin. Ich hab mich nicht mehr im Griff. Die Gummibärchen haben mich im Griff. Die Gummibärchen sind Arschlöcher. Ich bin ganz alleine, und die Gummibärchen sind ganz viele. Sie sind klar in der Überzahl. Sie machen sich einen

Spaß daraus, mir überall aufzulauern. Teilweise bringen sie noch Marshmallows mit oder Schokolade, Käse und Sahne. Ich hasse sie. Ich esse sie aus Hass alle auf. Das haben sie davon, die Drecksviecher.

14. JULI

Ich hatte eine Skype-Konferenz mit der Redaktion. So langsam bräuchten sie doch mal den Artikel, hieß es. Nach wie vor hab ich kein Wort geschrieben. Aber ich bekräftige noch mal meine Haltung, dass es bei Frauen nicht auf die Figur ankommt. Die Redakteurin nickt, sieht selbst aber so aus, als würden ein paar Enten ihr jeden Tag aus Mitleid etwas Brot vorbeibringen. Sie sagt, ich könne »aus offenbar gegebenem Anlass auch das Thema Schwangerschaft mit einfließen lassen«. Ich esse demonstrativ eine Überdosis frittierter Gummibärchen.

17. JULI

Ich rede mit Mona über Heidi Klum. Mona ist super im Lästern. Ich hoffe, ich kann einfach ein paar Sachen aufschreiben, die sie sagt, und habe damit schon den halben Artikel fertig. Mona findet Heidi Klum in Ordnung, ich hingegen sei ordentlich aus dem Leim gegangen. Ob ich Vera Int Veen beerben wolle, fragt sie. Falls nicht, würde sie an meiner Stelle mal übers Abnehmen nachdenken, zumindest sollte ich die neun Päckchen Gummibärchen auf dem Küchentisch schnell auswildern, bevor die Viecher mich noch weiter ausdehnen, sagt sie. Monas Besuch endet abrupt, weil ich sie rausschmeiße. Ich bin zum Lästern nicht auf Mona angewiesen. Wofür gibt es denn Facebook? Frage also auf Facebook, was die Leute so zur ollen Heidi Klum sagen. Die ersten Antworten gehen in die Richtung, dass die Leute es blöd finden, als Frau eine andere Frau schlechtzumachen, vor allem, wenn man selbst auf den letzten Posts eher »proper« und »stramm« aussähe. Da spiele Neid wohl eine größere Rolle. Das finden andere jetzt wieder blöd, wollen aber auch wissen, warum ich neuerdings so einen »komischen Filter« benutze, ein »Weitwinkelobjektiv« oder eine »ungünstige Kameraposition«. In meinem Mailaccount sammeln sich Angebote für farbenfrohe Tuniken und weitere Mode für »kräftige Frauen«.

22. JULI

Ich bekomme die Anfrage eines Joghurt-Herstellers, ob ich mir vorstellen kann, das neue Gesicht ihrer Werbekampagne zu werden. Ich bin angenehm überrascht, bis ich sehe, dass es um eine fettreduzierte Magerplempe geht, die angeblich gegen Blähungen helfen soll. Der Joghurt-Hersteller sagt, Heidi Klum esse und empfehle das Produkt auch, vor allem ihren ganzen Topmodels, aber sie selbst sei für die Werbung deutlich zu teuer und zu schlank. Deswegen habe man an mich gedacht. Ich bin kurz davor, wieder zu rauchen, kaufe aber stattdessen eine große Packung Gummibären.

23. JULI

Ich habe beschlossen, eine Diät zu machen. Ich recherchiere im Internet, was grad in diesem Bereich angesagt ist, und lese, jede zweite Frau will in diesem Jahr eine Diät machen. Dazu passt, dass 50 Prozent der Frauen übergewichtig sind. Ob das jeweils dieselbe Hälfte ist, steht da nicht. Übrigens sind 70 Prozent der Männer zu dick. Wie viel Prozent von denen eine Diät machen wollen, steht da auch nicht. Fünf Mal mehr Frauen als Männer leiden unter Essstörungen. Das notiere ich mir schon mal für den Heidi-Klum-Artikel, während ich parallel Diäten google.

Google sagt übrigens auch, dass Heidi Klum noch mal massiv abgenommen hat …

24. JULI

Gestern habe ich Diäten gegoogelt, heute habe ich ein Dutzend Mails zum Thema im Postfach. Eine ist zum Beispiel extrem geheim, denn Ärzte wollen nicht, dass herauskommt, wie leicht man abnehmen kann. So steht es da. Den Mailabsendern sind Ärzte aber wurscht, denn sie verraten es mir trotzdem. Mit ihrem Geheimpulver ist abnehmen total einfach. Eine Frau in Amerika hat damit 25 Kilo in zwei Monaten verloren. Eine andere Frau fast 50 Kilo in drei Monaten. Sollte ich das Zeug also länger als ein Vierteljahr nehmen, bin ich komplett weg. Mir scheint das nicht seriös. Ich frage im Freundinnenkreis nach aktuellen Diäterfahrungen. Alle sehen mich erstaunt an. Keine macht Diät. Lea nimmt lediglich Globuli mit hcg, einem Schwangerschaftshormon, das dem eigenen Körper quasi eine Schwangerschaft vortäuscht. In Kombination mit maximal 500 Kalorien am Tag hat man nach drei Wochen irre abgenommen, ohne überschüssige Schlabberhaut und Jojo-Effekt. Das sei aber keine Diät im eigentlichen Sinn, sagt Lea, sondern hat mit Gesundheit zu tun. Körperreinigung. So würde der Körper mal von unnötigem Ballast befreit, und Leber und Nieren werden mal wieder sauber. Ihre Heilpraktikerin hat es ihr empfohlen. Es ist wie eine Art Frühjahrsputz der inneren Organe. Eine andere Freundin benutzt Almased. Sie will aber nicht abnehmen, sie hat Probleme mit dem Magen. Im Übrigen, sagt sie, gibt es Nahrungsergänzungsmittel jetzt sogar bei LIDL oder ALDI. Sie zeigt mir die Packungen. Darauf ist ein Frauenbauch mit Maßband.

Auf solchen Verpackungen ist immer ein Frauenbauch.

25. JULI

Ich habe schon einen Satz über Heidi Klum geschrieben. Nämlich, dass man von ihr und der Ozonschicht nur etwas hört, wenn sie abgenommen haben. Und dass Gewicht eben für eine moderne Frau gar keine Rolle mehr spielen sollte. Weiter komme ich nicht, denn meine Freundinnen schicken mir ständig Links. »12 Kilo in 4 Wochen, mein Erfahrungsbericht« lautet eine Überschrift, und der Text sieht aus wie der Test einer Frauenzeitschrift mit klarer Empfehlung für bestimmte Tabletten. Der Name der Redakteurin wurde aber im ersten Google-Treffer von anderen Interessenten der Wunderpille als Fake entlarvt. Ich lese was von einer Instagram-Diät, bei der man sein Essen nur noch fotografiert, sich aber nicht mehr in den Mund steckt. Dann wird mir eine App angeboten, die einem gnadenlos vorrechnet, wie viele Kalorien ich esse und wie wenig ich verbrauche. Beim Schreiben der Heidi-Klum-Kolumne nehme ich zu, rechnet mir die App vor, denn denken und schreiben verbraucht quasi nichts, während ein Gummibär schon sieben Kalorien hat und ein Milchkaffee knapp 150. Die Topmodels werden magersüchtig, und ich werde dick, weil ich darüber schreibe. Jetzt hasse ich auch Heidi Klum.

28. JULI

Die Redaktion hat sich noch mal gemeldet. Sie hätten sich jetzt entschlossen, ohne den Heidi-Klum-Artikel auszukommen. Aber vielleicht hätte ich ja Lust, eine Ermunterung an dicke Mädchen zu schreiben, in dem Sinne, dass man trotz Übergewicht ein glückliches Leben führen kann. Ich gehe weinend an den Kühlschrank.

45
ICH BIN ENDLICH FERTIG! –
EINE EINLADUNG

Ihr Lieben,

ich hab in all meine Apps geguckt, in meinen Kalender und in den Spiegel, und jetzt steht das Datum! Am 12. März 2017 bin ich fertig. Am 3. März erreiche ich planmäßig mein Wunschgewicht, sagt mein Handy, immer vorausgesetzt, ich werde nicht noch zwischendurch von einer Horde Kohlenhydrate überfallen, stolpere in einen Käsekuchen oder ziehe mit einer Pizza zusammen. Knickknack, ihr wisst, was ich meine. Ich muss jetzt einfach nur noch das nächste Jahr durchhalten und Salate essen. Das klingt schlimmer, als es ist, wobei es an manchen Tagen auch schlimmer ist, als es klingt, je nach Salat. Aber manchmal gibt es ja auch Suppe oder Smoothie, na ja, ihr wisst es ja selbst. Die Kalorien-App ist jedenfalls super. Sylvie Meis hat die auch, und seitdem hält die ihr Gewicht. Kann auch an der Angst liegen, dass sie ab 45 Kilo netto von RTL zu SAT1 abgeschoben wird. Jedenfalls hab ich am 3. März mein Wunschgewicht. Yeah!

Zwei Tage später hab ich auch meinen Traumkörper, wenn ich jetzt dranbleibe. Gunnar hat mir einen Plan gemacht, er hat als Personal Trainer ja eine Menge Erfahrung. Er hat mal mit Heidi Klum gearbeitet, damals, als sie im achten Monat schwanger war, aber trotzdem das Bauch-weg-Fitness-Tape aufgenommen hat, und mit Michael Jackson hat er ein Dance-Workout entwickelt, da war der schon ein Jahr tot. Gunnar meint, dass ich – im Rahmen meiner Möglichkeiten – einen Traumkörper kriegen kann. Ich mache jetzt montags und freitags Bauch, Beine, Po, dienstags mach ich Arme und mittwochs Zumba, Rumba oder Völkerball.

Gunnar hat ausgerechnet, wenn ich sein Programm durchziehe, ist mein kompletter Body am 5. März mega. Das ist ein Sonntag. Für den Montag hab ich dann schon mal einen Termin bei Jasmin zum Haaremachen. Bis dahin ist dann auch die schlimme Farbe rausgewachsen, die ich aktuell noch auf dem Kopf habe. Es war ein Selbstversuch. Jasmin sagt, es wird nicht einfach, aber mit einem Deep-cleansing-Shampoo, einem Repair-Kit, einem Smooth-shine-Conditioner, einer Molding-Paste, einem Lightfinishing-Treatment werden die Haare wie früher, also wie Natur. Ja, ich weiß, das klingt erst mal doof, aber Jasmin hat gesagt, dass sie es super hinkriegen wird. Sie kann aus dem Hellbraun ein Hazelnut-Mokka-Creamshadow machen und das ist ja wohl mega. Dienstag mach ich dann Haut. Mache ich natürlich die ganze Zeit bis dahin auch schon. Porenverfeinerer, Blemish Balms und die ganzen anderen Sachen nehme ich ja sowieso. Aber dann mache ich noch einmal das große Programm im Beauty Palace bei der Esra. Die trägt praktisch die oberste Hautschicht ab, und darunter ist dann alles neu. Also erst mal ist es natürlich eine Art offene Wunde, aber danach hat man quasi Babyhaut. Das ist nach meinen Berechnungen eben am 12. Dann bin ich endgültig fertig, und das möchte ich mit euch feiern. Im »Kardashian«. Zur Feier des Tages gibt es sogar richtiges Brot mit Butter. Es gibt auch Nudeln und anderes Verbotenes, denn ich denke, man ist nur einmal fertig mit allem. Jeder kann essen und trinken, was er will. Es geht alles auf mich. Ich hab bis dahin alles in allem so viel

Geld für mich ausgegeben, um einmal fertig zu sein, dass es darauf dann auch nicht mehr ankommt, und die meisten von euch sind ja noch mittendrin im Fertigwerden, so dass ihr eh nicht so viel essen könnt. Außer Betty. Der ist ja seit dem dritten Kind offenbar egal, wie sie aussieht, was ich super mutig finde. Aber, klar geht auch Betty komplett auf meinen Deckel.

Ich denke, wir fangen so gegen 20.00 Uhr an. Vorher mache ich noch Bilder mit einem Profifotografen, denn ich will auf jeden Fall festhalten, wie ich an dem Tag aussehe, an dem ich fertig bin. Das ist etwas, woran ich mich für den Rest des Lebens erinnern werde. Ich bin ja jetzt fertig, und noch nicht mal fünfunddreißig, das heißt, es liegt wahrscheinlich noch relativ viel Leben vor mir. Noch weiß ich nicht, was ich damit anfangen werde. Vielleicht hab ich ja dann Zeit für einen Partner oder für Freunde, wer weiß. In den letzten Jahren ist das ja alles ein bisschen kurz gekommen. Deswegen bitte ich euch auch herzlich, dass ihr euch diesen Termin schon mal notiert und auch wirklich freihaltet. Es wäre blöd, wenn es wieder so wäre, wie bei meinem Geburtstag, wo viele ganz kurzfristig abgesagt haben oder einfach nicht gekommen sind, so dass ich am Ende da alleine mit Betty saß. Wie scheiße wäre das, wenn ich fertig bin, und keiner sieht's? Ihr müsst mir auch nichts schenken. Keinen ironischen Fresskorb, keine Stripper und keine Vorher/Nachher-Kollage. Aber kommt bitte vorbei. Danke.

220

46
DANKE

Ich widme das Buch den Frauen in meiner Familie, meiner Oma und meiner Mutter, die mich begleiten, seit es mich gibt, und die mir geholfen haben zu werden, was ich bin. Ihr wart Vorbilder und Streitfiguren. Es ist schön zu wissen, dass ich so starke Frauen um mich habe. Ich danke euch.

Ich bedanke mich bei meinem Vater, dem immer wichtig war, dass ich Abitur mache und studiere. Ohne ihn gäbe es womöglich dieses Buch nicht, denn dann hätte ich vermutlich eine Ausbildung zur Maskenbildnerin gemacht, wie es mir der Berufseignungstest in der Schule vorschlug. Er wollte, dass ich alle Möglichkeiten habe, aus meinem Leben zu machen, was ich möchte.

Dank geht natürlich auch an die übrige Familie. Ich habe mich mal wieder bei euch bedient und hoffe, ihr seht es mir nach.

Danke an alle Freunde, die nie müde werden, mir zu versichern, dass sie an mich glauben, und denen ich umgekehrt vorlüge, ihre Macken, Schrullen und Dellen im Leben nicht fürs Buch zu benutzen.

Danke an den Fischer Verlag, vor allem an Volker Jarck, der meine Schreibkarriere überhaupt erst auf den Weg gebracht hat.

Danke an Peter Sillem fürs Mittagessen und allzeit offene Ohren, Katrin Bojarzin fürs Lesen und Lektorieren, Nadine Zacharias fürs zähe Ringen, Mirjam Zuchtriegel für so viel, dass ich es hier nicht aufschreiben kann, Milena Kahlcke und natürlich Michael Bossong für jedes mehrfach verschickte Bild und schnelle Hilfe in Vergangenheit und Zukunft – DANKE.

Ich danke Jürgen Naber für das Coverfoto.

Und schlussendlich danke ich Ihnen, liebe Leser*innen. Dass es ein zweites Buch gibt, liegt nämlich allein an Ihnen.

fi 19891/1

Katrin Bauerfeind
Mir fehlt ein Tag zwischen
Sonntag und Montag
Geschichten vom schönen Scheitern
272 Seiten. Klappenbroschur

»Scheitern kann man immer und überall. Es ist ein günstiges Hobby für die ganze Familie, ich als Scheidungskind weiß, wovon ich rede. Dieses Buch ist perfekt für alle, die große Pläne hatten und jetzt plötzlich eine Einbauküche abbezahlen, für alle, die das Gefühl haben, es fehlt ein Tag zwischen Sonntag und Montag, an dem man endlich mal alles erledigen könnte ...«

Joggen und nichtrauchen, Geschenke und Geschlechtsverkehr, feiern und trauern, Sachen wegschmeißen oder einfach nein sagen: Mit einem Grinsen zwischen den Zeilen erzählt Katrin Bauerfeind in ihrem bislang wirklich allerbesten Buch, was so alles schiefgeht im Leben und warum das so sein muss.

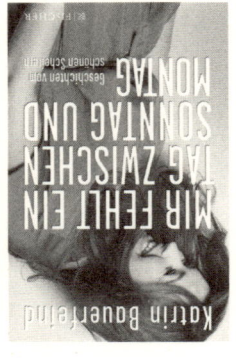

Das gesamte Programm gibt es unter
www.fischerverlage.de